AF741201

BEATRIZ MESA

El fracaso de Occidente en África

La nueva amenaza que no queremos ver

ALMUZARA

© Beatriz Mesa, 2024
© Editorial Almuzara, s.l., 2024

Primera edición: noviembre de 2024

Reservados todos los derechos. «No está permitida la reproducción total o parcial de este libro, ni su tratamiento informático, ni la transmisión de ninguna forma o por cualquier medio, ya sea mecánico, electrónico, por fotocopia, por registro u otros métodos, sin el permiso previo y por escrito de los titulares del *copyright.*»

Cualquier forma de reproducción, distribución, comunicación pública o transformación de esta obra solo puede ser realizada con la autorización de sus titulares, salvo excepción prevista por la ley. Diríjase a CEDRO (Centro Español de Derechos Reprográficos, www.cedro.org) si necesita fotocopiar o escanear algún fragmento de esta obra.

Editorial Almuzara • Sociedad actual
Editora: Ángeles López
Corrección: Nieves Porras
Maquetación: Joaquín Treviño

www.editorialalmuzara.com
pedidos@almuzaralibros.com - info@almuzaralibros.com

Editorial Almuzara
Parque Logístico de Córdoba. Ctra. Palma del Río, km 4
C/8, Nave L2, nº 3. 14005 - Córdoba

Imprime: Gráficas La Paz
ISBN: 978-84-10525-01-6
Depósito legal: CO-1756-2024
Hecho e impreso en España - *Made and printed in Spain*

Agradezco este libro al impulso de Laura Díaz,
el apoyo de Antonio Poyato y, en especial, mi madre, Nena.
Lo que fui, soy y seré te lo debo a ti. Dedico este libro a todas las
mujeres como tú, que confundieron el amor con el sometimiento.

Índice

Prólogo

Superado su primer cuarto, el siglo XXI parece no haber aprendido las lecciones del siglo XX. Sobre todo en lo que se refiere a África. La presente obra pretende poner de relieve el nuevo fracaso de Occidente en su relación con el continente africano desde la segunda mitad del siglo XX, con los procesos de independencia, hasta la actualidad. La clave de este fracaso puede resumirse brevemente aludiendo a la incapacidad de Occidente (entendiendo por tal a Estados Unidos y la Unión Europea) de plantear estrategias que tengan en cuenta la realidad del continente africano. La raíz de esta incapacidad parece encontrarse ya en los inicios del colonialismo, en la Conferencia de Berlín de 1885, durante la cual las grandes potencias se repartieron el continente trazando fronteras artificiales que dividieron naciones preexistentes, partieron rutas comerciales y ganaderas de siglos de antigüedad y forzaron que tribus ancestralmente enemigas hubieran de convivir bajo banderas comunes. Esta división artificial, motivada por la codicia de las grandes potencias, no se ha puesto en cuestión en los siglos siguientes, por lo que sigue alimentando los conflictos que hoy desangran África. El proceso de descolonización de las naciones africanas lo fue solo nominalmente. Las antiguas potencias coloniales continuaron controlando las economías de las nuevas naciones y emplearon el continente como teatro de operaciones de las tensiones entre bloques durante la Guerra Fría (como pone de manifiesto el caso de Angola, desgarrada durante décadas por una guerra civil propiciada por los bloques antagonistas, Estados Unidos y la URSS).

La descolonización no supuso la independencia de las naciones africanas. Su economía y la explotación de sus numerosos recursos siguió en manos de las antiguas metrópolis, ya fuera a través de consorcios bilaterales o empresas privadas. Los nuevos estados recogían, recogen, una exigua parte de los beneficios derivados de sus riquezas naturales. Y de esta exigua parte, una buena medida cae por las grietas de regímenes corruptos y grupos criminales de toda índole, sin alcanzar a la población que, en su mayoría, vive en la extrema pobreza. Los programas de cooperación y ayuda al desarrollo desplegados por Occidente tienen un impacto muy limitado en el conjunto de problemas que atraviesan estos países: gobiernos inestables, grupos paramilitares de corte religioso o no, luchas intertribales por el poder.

Economías ahogadas por la extrema pobreza, guerras salvajes, regímenes corruptos, cuando no totalmente enloquecidos, son imágenes que asociamos fácilmente con África. Y las décadas de intervención occidental no han logrado modificar esas imágenes a pesar del tiempo, esfuerzo y dinero invertidos.

Partiendo de las naciones del Sahel central (Mali, Burkina Faso y Níger), esta obra hace un repaso de las acciones emprendidas por Occidente en África y de su ulterior fracaso, al tiempo que pone en primer plano cómo la vuelta a la cultura de bloques en el mundo ha supuesto un cambio de paradigma geopolítico de enorme relevancia en la política y la economía de las naciones africanas.

Los programas de ayuda al desarrollo desplegados hasta hoy en África no parecen haber completado el objetivo de mejorar las condiciones de vida de la población. Tampoco parecen haber funcionado los programas de colaboración en cuestiones de seguridad para asegurar a las naciones africanas unas fuerzas y cuerpos de seguridad fiables y profesionales. La Unión Europea, la ONU o Estados Unidos han visto cómo fracasaban sus programas mientras la inseguridad alimentaria, la pobreza extrema, la ausencia de infraestructuras de todo tipo, el estrés climático y las guerras siguen siendo imágenes cotidianas.

Esta obra propone una explicación para el fracaso permanente de las iniciativas desplegadas hasta ahora: el pasado colonial empeña y empaña cualquier actuación emprendida desde Occidente. La perspectiva de la metrópolis ahoga las voces autóctonas, los matices y particularidades de cada una de las naciones africanas. Así como al dibujar el continente en el siglo XIX se ignoraron las idiosincrasias africanas, hoy siguen estando desatendidas. Los programas de ayuda, ya sean al desarrollo, ya sean securitarios, se plantean desde un punto de vista eurocéntrico, ignorando las características esenciales de los países en los que se implantan, de modo que parecen abocados al fracaso aun antes de desplegarse. Se ignora la realidad de las naciones y se sustituye por la imagen y las expectativas que Occidente tiene sobre África. Esto está provocando que el continente empiece a mirar hacia el este. Rusia, China e India están sustituyendo a las potencias occidentales como socios preferentes en África. Y lo están haciendo porque carecen de pasado colonial en el continente, porque sus intervenciones no interfieren en las formas de gobierno, tratando de imponer una idea determinada de gobernanza. Occidente está perdiendo a África porque sigue sin permitir que África sea.

Laura Díaz Herrera
Jurista
Internacionalista/editora

Siglas

AAGC: Asia & Africa Growth Corridor

ACLED: The Armed Conflict Location & Event Data Project

AFRICOM: U. S. Africa Command

AfrCFTA: Zona de Libre Comercio Continental Africana

AES: Alianza de los Estados del Sahel

AMISOM: Misión de la Unión Africana en Somalia

AQMI: Al Qaeda en el Magreb Islámico

BAD: Banco Africano de Desarrollo

BRICS: Brasil, Rusia, India, China y Sudáfrica

CEDEAO: Comunidad Económica de
Estados de África Occidental

CMA: Coordinadora del Movimiento de Azawad

CNPCIC: China National Petroleum
Corporation International Chad

CPC: Coalición por el Cambio

CPS: Coalición Patriótica para el Sahel

CSP: Cadre Stratégique Permanent
(Marco Estratégico Permanente)

DDR: Desarme, Desmovilización y Reinserción

EIGS: Estado Islámico en el Gran Sahara

EUCAP: Misión de Capacitación de la Unión Europea

EUTM: Misión de Entrenamiento de la Unión Europea

FAMA: Fuerzas Armadas Malienses

FLM: Frente de Liberación de Macina

FOCAC: Foro de Cooperación Económica África-China

G5 Sahel: Grupo de los Cinco del Sahel

GAT: Grupos Armados Terroristas

GIA: Grupo Islamista Armado

GSIM: Grupo de Apoyo al Islam y a los Musulmanes

GSPC: Grupo Salafista por la Predicación y Combate

IGAD: Autoridad Intergubernamental para el Desarrollo del este de África

ISF: Fuerzas de Seguridad Interna

MINUSMA: Misión Multidimensional Integrada de Estabilización de las Naciones Unidas en Mali

MNLA: Movimiento Nacional de Liberación de Azawad

MONUC: Misión de las Naciones Unidas en el Congo

MUYAO: Movimiento por la Unidad y la Yihad en África Occidental

OMVS: Organización para el Aprovechamiento del Río Senegal

ONU: Organización de las Naciones Unidas

ORTM: Oficina de Radiodifusión y Televisión de Mali

P5: Miembros Permanentes del Consejo de Seguridad de la ONU

PSI: Pan Sahel Initiative

RDC: República Democrática del Congo

RSF: Fuerzas de Apoyo Rápido

RSS: Reforma del Sector de la Seguridad

SAGAR: Security and Growth for All in the Region

SICOMINES: Sociedad de Inversiones en Minería e Infraestructura

SIPRI: Instituto Internacional de Investigación para la Paz de Estocolmo

TSCTP: Trans-Saharan Counter-Terrorism Partnership

UA: Unión Africana

UNMISS: Misión de Asistencia de las Naciones Unidas en la República de Sudán del Sur

UNOWAS: Oficina de las Naciones Unidas para África Occidental y el Sahel

U. S. Army Africa: Ejército de los Estados Unidos en África

Cambios geopolíticos

En las páginas de esta obra se ponen de manifiesto las claves de los cambios geopolíticos acaecidos en África, poniendo el foco en las intervenciones militares extranjeras y sus subsiguientes fracasos en el terreno. Los escasos resultados obtenidos por las misiones encabezadas por Estados Unidos, Francia y otros socios europeos en su apuesta por la seguridad y la estabilidad en las regiones sahelo-saharianas, subyugadas por grupos armados, han llevado, finalmente, a la expulsión de Occidente de África.

Por ello, los gobiernos africanos han dado la oportunidad a otros actores internacionales (Rusia, China) para enmendar, según señalan países como Mali, Níger, Burkina Faso o la República Centroafricana, una realidad inestable debido a la imparable violencia en el África occidental y oriental. Este libro examina la progresiva intervención de Occidente en el continente bajo el paraguas de la cooperación militar y motivada por la lucha contra el terrorismo global durante el periodo pos 11-S hasta su fracaso final. Por otro lado, analiza el papel de las nuevas potencias en el continente africano, que con toda seguridad continuarán con su ofensiva utilizando estrategias de influencia y control mediante apoyo militar, envío de soldados y arsenal bélico al continente.

Para analizar el fracaso de Occidente en África es preciso hacer una primera parada en Mali, el punto de partida del relato de los cambios geopolíticos, a pesar de que Rusia no ha dejado de reforzar sus posiciones en toda la franja del

Sahel, desde Senegal hasta Sudán, el otro extremo oriental, y mucho más allá por todo el continente. Mali ha jugado un papel crucial en la transformación de las dinámicas internacionales de poder. Este país africano ha experimentado una significativa intervención por parte de fuerzas internacionales en respuesta a la creciente presencia yihadista en su territorio. Sin embargo, su relevancia no solo radica en ser uno de los países más intervenidos por fuerzas internacionales, sino también en su decisión pionera de desvincularse de su legado colonial. En 2020, Assimi Goïta asumió el liderazgo del gobierno maliense tras un golpe militar y acto seguido ordenó la salida del contingente militar francés, así como el cese de operaciones de la misión de mantenimiento de paz liderada por Naciones Unidas. Esta acción marcó un precedente histórico: Mali se convirtió en el primer país del sur global en ejercer su soberanía para exigir a la Comunidad Internacional el abandono de un teatro bélico. Con este gesto, Mali ha generado una situación sin precedentes en el ámbito internacional relacionada con las estrategias hasta ahora desplegadas para resolver conflictos.

En los países clave del fracaso occidental abundan recursos como el oro, el uranio, el gas, el petróleo y los minerales. Esto también explica el surgimiento de numerosas organizaciones armadas que buscan controlar estas riquezas sembrando el terror entre los ciudadanos. Estas organizaciones instan a la población a alinearse con la «causa de la guerra», argumentando siempre la ignominia de los gobiernos de Mali, Níger, Burkina Faso o Guinea-Conakry. Los tres primeros países conforman lo que se conoce como la frontera de Liptako-Gourma: noreste de Mali, norte de Burkina Faso y oeste de Níger. La proliferación transnacional de grupos armados ha legitimado popularmente los golpes de Estado en estos territorios y sus líderes militares, aferrados al poder, han cambiado radicalmente las dinámicas políticas en cada uno de estos países. Al asumir las presidencias, han interrumpido —sin que se sepa por cuánto tiempo— la influencia colonial histórica de Francia y Estados Unidos en varios países del África occidental y han comenzado un nuevo capítulo que está siendo escrito a través de una contraofensiva rusa sin precedentes.

¿QUÉ PAÍSES VIRAN HACIA EL EJE ANTIOCCIDENTAL?

En esta obra se examinan otros países que, aun no habiéndose alineado claramente con el bando antioccidental, han prestado su atención a Rusia. Entre estos se encuentran la República Democrática del Congo, Chad o Sudán. Este último es de especial relevancia geopolítica debido a su industria petrolera —el 85 % de sus ingresos provienen de este recurso—, lo que ha motivado que países occidentales como Francia, Estados Unidos y Reino Unido se hayan esforzado históricamente por obtener licencias para la explotación del petróleo. China ha sido el país más eficaz operando en lo que también se denomina «la tierra de los gigantes», apodo que recibe debido a que los individuos de una de las tribus predominantes, los dinkas, están entre las personas más altas del mundo.

Durante la última década han estado llegando a Sudán armas de nacionalidad rusa, aviones de combate y vehículos blindados, y se han firmado convenios bilaterales entre los ministerios de Defensa para modernizar el ejército sudanés del Norte. Sudán, desde la independencia en 1956, se ha visto fuertemente sacudida por el surgimiento de un movimiento secesionista en el sur cristiano y animista que ha provocado, a lo largo de cuarenta años de conflicto, más de dos millones de muertos y cuatro millones de desplazados. La solución fue la partición de Sudán en dos. Sudán del Sur logró su independencia en 2011 y así se creó el último Estado en engrosar las filas de la Comunidad Internacional. Sin embargo, la división tampoco ha servido para mejorar las condiciones de vida del pueblo sudanés después de que, en 2013, estallase una nueva guerra civil en Sudán del Sur entre las dos etnias más importantes del país. Chad, convertido en el último bastión del Sahel aún afiliado a Francia, afronta un futuro geopolítico incierto tras una serie de visitas organizadas por el jefe de la diplomacia rusa, Serguéi Lavrov. Durante su gira por África en 2024, Lavrov se reunió con el jefe de Estado chadiano, Mahamat Idriss Déby, y acordaron establecer una nueva relación entre Rusia y Chad. Esta relación se había enfriado durante la crisis de 2021, cuando, según las autoridades chadianas, mercenarios rusos apoyaron a los movimientos rebeldes en las fronteras del país, lo que acabó con la vida del presidente Idriss Déby Itno.

Durante esta gira, Lavrov, el artífice del regreso de su país al continente africano, también visitó Guinea y el Congo-Brazzaville. De los países del África central, la República Democrática del Congo (RDC) es extremadamente importante en la geopolítica africana porque es el país que alberga el 50 % de las reservas minerales de todo el mundo y es el país donde el bloque occidental y soviético se enfrentaron, ambos utilizando grupos armados para proteger las zonas de influencia de los recursos naturales. De hecho, la independencia del Congo empezó a ir a la deriva tras la tragedia del asesinato de Patrice Lumumba, a quien se acusó de mantener una postura antibelga y prosoviética, marcando así el inicio de una dinámica de conflicto agravado por la implicación de actores del exterior y del interior con un único interés como denominador común: la explotación de los minerales. La muerte de Lumumba permitió el ascenso al poder de Mobutu Sese Seko, aliado de los Estados Unidos, que gobernó el país con puño de hierro durante treinta años en una dictadura que llamó la atención del mundo por su excentricidad. El régimen se mantuvo hasta 1997, cuando un golpe de Estado liderado por Laurent Kabila dividió el país en dos, dejando cada zona bajo la influencia de diferentes aliados extranjeros. Este golpe desencadenó la primera y la segunda guerra del Congo, esta última también conocida como la guerra mundial africana, que costó la vida a más de cinco millones de personas entre los años noventa y los dos mil debido al solapamiento de varios conflictos en la región de los Grandes Lagos.

Se la denominó así por la implicación en el gran conflicto no solo del Congo, sino también de sus vecinos: Angola, Namibia, Ruanda, Uganda y Zimbabue. A partir de agosto de 1998, el Consejo de Seguridad de la ONU empezó a ocuparse de la búsqueda de una solución al conflicto, logrando que, en julio de 1999, los seis Estados implicados firmaran en Lusaka (Zambia) un acuerdo de cese de hostilidades y permitieran la constitución de la Misión de las Naciones Unidas en el Congo (MONUC). Este país, aunque no es central en la presente obra, es un elemento a tener en cuenta porque a él también se le señala como nido de rivalidades y cambios de actores en el conflicto. Occidente, aunque su presencia siga siendo significativa, está perdiendo influencia. Si bien en 1980 las exportaciones de la RDC hacia el bloque occidental representaban el 80 % del total, tres décadas más tarde, en los años 2000, estas habían disminuido drásticamente, representando solo el 37 % del total. Este cambio no solo refleja la creciente influencia de China en la región, sino también su capacidad para ofrecer acuerdos comerciales y de inversión más atractivos para los países en desarrollo, en comparación con las ofertas occidentales. China ha logrado establecerse como un socio clave para la RDC a través de inversiones muy relevantes en infraestructura y minería. El acuerdo de SICOMINES, firmado en 2007, es un ejemplo de cómo China ha utilizado su poder económico para ganar influencia en el país. Este acuerdo permitió a China acceder a los recursos minerales a cambio de la construcción de infraestructuras, aunque los beneficios de estos proyectos no siempre han llegado a la población local. La disminución de la influencia occidental en la RDC también puede atribuirse a la percepción de que las inversiones chinas son menos restrictivas y están más enfocadas en el desarrollo económico inmediato, a diferencia de las inversiones occidentales, que a menudo vienen acompañadas de condiciones políticas y económicas.

EL FOCO EN ÁFRICA TRAS EL 11-S

El continente africano, en las últimas dos décadas, se ha visto expuesto a unos inéditos brotes de violencia producidos por la aparición progresiva de insurgencias que hoy controlan inmensos territorios mediante el poder de las armas, poblaciones y recursos. Esta realidad violenta a la que se denomina cada vez menos tribal, interétnica o comunitaria y que obedece a otros eslóganes de influencia yihadista, ha servido de pretexto para el retorno de los antiguos colonos franceses a sus posiciones de antaño. En 2019, alrededor de 500 militares franceses se instalaron oficialmente en Níger, aunque si se suman a esta cifra el resto de fuerzas de los distintos operadores de seguridad, así como las operaciones Barkhane, Eutm o Takuba, en la zona saheliana se han llegado a concentrar 3000 efectivos. Esta cifra es muy superior en comparación con la época colonial, por lo que no es de extrañar que las poblaciones sahelo-saharianas vieran estas intervenciones militares como nuevas tentativas de recolonización justificadas por el terrorismo. Bajo este último argumento, el de la amenaza terrorista, intervinieron también los Estados Unidos en el continente a finales de los años noventa, aunque su presencia en África se remonta al siglo de la oscuridad para los africanos debido a la trata transatlántica de los esclavos desde el siglo XVIII. En algún momento histórico, el interés se centró en la mano de obra esclava; en otros más cruentos, como las dos guerras mundiales, África ponía sobre la mesa la mayoría de los muertos al servicio de las potencias coloniales europeas. La Segunda Guerra Mundial sirvió para acelerar la liberación de los africanos de un proceso colonial del que África aprendió nuevas ideas como la libertad y la autodeterminación, pero también abrió el camino a que florecieran movimientos independentistas que dejaron posos de violencia que han sobrevivido hasta la actualidad. Más tarde vendría la Guerra Fría y el continente africano se dividió entre aquellos que se alinearon a las filas comunistas y los que se plantaron con los capitalistas.

La última etapa ha sido la posterior a los atentados contra las torres gemelas en septiembre de 2001 y, en este nuevo contexto internacional de terrorismo global, los occidentales, en especial Estados Unidos, seguidos por los europeos liderados por Francia, hallarían en África otra razón para instalar bases militares y desplegar efectivos en el África occidental y oriental, en países como Senegal, Mali, Níger, Yibuti o Somalia. Es así como se han despertado los recuerdos de la colonización.

Estados Unidos representa un actor fundamental en la comprensión geopolítica del continente con la intención, por un lado, de asegurarse recursos (especialmente energéticos) y, por otro, seguir blandiendo la bandera de la paz y de la democracia liberal en el mundo. Aunque parecía que el continente africano nunca había estado entre las prioridades de la agenda americana, el 11-S significó su viraje hacia el este. Sin olvidar que, unos años antes, en el contexto del fin de la Guerra Fría y en un momento muy delicado para el Cuerno de África, Somalia sufrió un profundo proceso de desestabilización y, por tanto, requirió la ayuda exterior. Estados Unidos acudió para proteger a la población enviando a sus marines. Esto ocurría en 1992 y, sólo un año después, con más de 75 soldados americanos heridos en un combate urbano en la capital somalí, el derribo de un helicóptero Black Hawk y el linchamiento de sus 18 tripulantes, la Administración Clinton no tardó en retirar todos sus efectivos del país. Un fracaso para la proyección estadounidense en el continente que no supuso, no obstante, el abandono de África. El apoyo logístico, militar y diplomático a la paz por parte de Estados Unidos se hizo en otros escenarios como Liberia (2003), país que salió de una sangrienta guerra civil en los años 90. Hubo también otros países que dejaron similares regueros de sangre. ¿Quién no recuerda el genocidio de Ruanda en el mismo periodo o la guerra civil en Sierra Leona? En estos conflictos no fueron desplegadas fuerzas militares, la administración estadounidense trabajó utilizando herramientas de respuesta a estos conflictos que llamó African Crises Response Initiave (ACRI) o bien African Crisis Response Force (ACRF) y que consistieron en el entrenamiento y asesoramiento de los cuerpos y fuerzas de seguridad locales. La implicación directa sobre el terreno se reanudó en la década del 2000 con el estallido de los macroatentados terroristas en la región del Sahel.

Como efectos de la aplicación de la ACRI y del uso mediante ella de la ACRF, en el verano de 2001, justo antes de que el 11-S trajera un cambio de paradigma mundial, las fuerzas especiales de EE. UU. habían entrenado en Fort Bragg (Carolina del Norte) a unos 8000 militares africanos procedentes de países como Benín, Ghana y Mali, entre otros. Como efectos inmediatos de la emergencia de la amenaza terrorista yihadista global, EE. UU. lanzó a finales de los años 2000 una primera Iniciativa Pan Sahel destinada a Mali (país que vertebra este libro), porque fue el refugio de las primeras organizaciones terroristas de naturaleza yihadista para todo el África occidental con proyección hacia el centro y este del continente. Es al norte de Mali a donde llegaron los extremistas argelinos al final de la década de los 90, tras años de enfrentamiento con un poder militar que suspendió las elecciones que dieron la victoria a los islamistas, tanto en las presidenciales como en las locales. La presencia de los llamados extremistas en Mali justificó la Iniciativa Pan Sahel para esta región, aunque en otro extremo del continente, en Somalia, también se iniciaron esfuerzos antiterroristas. En el Sahel se empezaría entrenando a fuerzas de Chad, Mali, Mauritania y Níger. Sin embargo, en menos de un lustro, Estados Unidos y otros socios europeos han debido adaptarse a unos cambios geopolíticos en buena parte del continente africano que les han desplazado de la primera línea, abriendo paso a otros gigantes.

La crisis de Occidente y el auge de las nuevas potencias

África ha sido históricamente importante por sus vastos territorios y riquezas naturales, atrayendo a potencias extranjeras que explotaron sus recursos y personas, como en la esclavitud y la extracción de minerales. Esta explotación generó resistencia en África y tensiones entre las potencias coloniales, evidentes en eventos como la Conferencia de Berlín y que continúan en el siglo XXI. Diversas naciones, incluyendo Portugal, España, Francia, Reino Unido, Bélgica, Italia, Turquía, Rusia o China, han establecido su presencia en África para asegurar territorios y recursos.

En la actualidad, la colonización tuvo efectos devastadores en las sociedades africanas, y potencias como China y Estados Unidos compiten por su influencia en el continente, mientras que África sigue enfrentando desafíos significativos como conflictos internos y la presencia de grupos terroristas. Además, en los últimos años, Rusia ha incrementado su influencia en África a través de alianzas militares y económicas, añadiendo una nueva capa de complejidad a la geopolítica africana, generando tensiones adicionales con otras potencias y asegurando el acceso a recursos naturales.

Así las cosas, a Francia y a Europa les ha surgido Moscú como competidor por su lucha contra el terrorismo internacional, la pasarela que le ha hecho entrar por la puerta grande en los países del África subsahariana, y crear un cambio geopolítico con efectos desestabilizadores para Europa.

EL TERRORISMO, PUERTA DE ENTRADA RUSA

El giro mundial de la geopolítica de Rusia empezó en Oriente Medio provocado por los ataques terroristas en París en noviembre de 2015 y en Bruselas en marzo de 2016. La intervención rusa contra el terrorismo de Daech en territorio sirio fue crucial, a pesar de que esta fue percibida a regañadientes por las cancillerías occidentales como un hecho necesario para afrontar el eje del mal del terrorismo de naturaleza religiosa. El final de Daech y sus aliados le sirvió a Rusia para salir triunfante y marcar un nuevo punto de inflexión en su historia. No fue este la única región del mundo en donde las fuerzas rusas se dejaron ver.

De manera similar, en África, la agenda rusa se repite y se justifica por el ascenso de los grupos terroristas contra los que Occidente no pudo luchar y aun luchando no dio los resultados deseados. Esto ha provocado una redefinición del papel de las potencias internacionales (Francia, Estados Unidos), pero también regionales como Irán o Turquía, los aliados de Rusia. Moscú, en definitiva, interviene en los espacios del África subsahariana y del Sahel no como un Leviathan planetario cuya intención es ejercer un control absoluto sobre los ciudadanos para alcanzar la paz, sino como una fuerza de contrapeso al Occidente en declive.

Por ejemplo, las banderas rusas ondean desde 2021 en la región del Sahel, cuando el coronel Assimi Goïta se hizo con el poder en Mali tras dar un golpe de Estado contra Ibrahim Boubakar Keita (IBK), el difunto expresidente civil de la República maliense. En IBK recayó la responsabilidad de sacar adelante los acuerdos de paz que se firmaron en 2015 con la insurgencia armada del norte de Mali (Azawad). También a él se atribuyó una estrecha alianza con Francia, país al que abrió las puertas de Mali hasta el punto de que las tropas francesas se apropiaron de la soberanía territorial maliense en lo tocante a la seguridad.

Fue el Palacio del Elíseo quien se encargó de esta actuación y la fuerza que imprimió en ella fue tal que consiguió desplazar cualquier crítica que contra la operación Serval (denominada posteriormente Barkhane) pudieran verter tanto las élites como la población general maliense. El entonces embajador de Mali en París, Toumani Djimé Diallo, fue una de las víctimas del autoritarismo con el que Francia se posicionó en el Sahel a partir de Mali, pues, debido a las presiones ejercidas por Francia, en 2020 se vio obligado a presentar su dimisión tras denunciar en una sesión del Senado el desenfreno de la legión extranjera francesa, que estaba «proyectando una imagen negativa del ejército francés».

El presidente de la República de Mali, Assimi Goïta con el presidente de Rusia Vladimir Putin. Julio de 2023.

Este comportamiento «intriga y se cuestiona muchas cosas», dijo el exembajador refiriéndose al sentimiento de hostilidad que ya aparecía entonces en suelo maliense contra la presencia de fuerzas francesas en el país. Esta autora puede suscribir las declaraciones del embajador, pues durante los años de investigación en el Sahel, y en particular durante el periodo en el que el ejército francés estuvo presente en suelo maliense, fue testigo de las escandalosas noches de los legionarios que se hospedaban en los hoteles del centro de Bamako. La imagen era preocupante: borrachos que decían a voz en grito pasar el día luchando contra el yihadismo internacional.

Las manifestaciones del exembajador Diallo resumen el sentir general de la población maliense, pero también de buena parte de los habitantes del Sahel que se muestran incrédulos sobre los resultados de la intervención francesa porque, desde el despliegue en 2013 hasta finales de 2022, no se percibió un incremento de su seguridad. Más bien al contrario, durante ese periodo las dinámicas de violencia aumentaron tanto o más que los mecanismos de seguridad implementados por las fuerzas internacionales porque no sólo intervino el Estado francés, sino también otros mecanismos de seguridad bajo las banderas de la Unión Europea (Takuba, EUTM o EUCAP) y de las Naciones Unidas mediante una operación de mantenimiento de la paz (MINUSMA).

Soldados del 1.er Batallón, 10.º Grupo de Fuerzas Especiales (Aerotransportado) enseñan tácticas de infantería montada a soldados del Ejército de Mali en Tombuctú, Mali, en 2004.

El fracaso del puzle de seguridad se atribuye, por tanto, a Francia porque sobre ella recayó el peso de la definición de las estructuras de seguridad y también la responsabilidad de no devolverle al gobierno maliense el control sobre la integridad de su territorio, a pesar de que la protección de esa integridad fue la razón que motivó la intervención internacional liderada por Francia con Serval y más tarde Barkhane. La intervención se planeó inicialmente para ayudar al país a protegerse de la ocupación del norte del país —llamada Azawad— por milicias secesionistas y yihadistas.

Desde ese momento, un sector de la insurgencia secesionista controla el ámbito político-económico azawadí sin rendir cuentas ante la administración central. Durante el tiempo que duró el despliegue de las fuerzas internacionales, el estado maliense no solo perdió su soberanía en el norte, sino que en la actualidad se encuentra a punto de perder también el control del centro el país (la región de Macina) y además se enfrenta a la multiplicación de las milicias armadas y un aumento incontrolable de la violencia.

La toma del poder por parte del coronel Assimi Goïta en agosto de 2020 fue vista a nivel internacional como el resultado del fracaso militar de Barkhane y del colapso de otros servicios esenciales del país. Ambos factores han legitimado cada una de las decisiones que Goïta ha tomado en relación con la seguridad. Goïta ha añadido a la solicitud, ya hecha efectiva, de retirada de las tropas francesas de territorio maliense y a la salida de Mali del G5 Sahel la petición de retirada del país de la MINUSMA, la misión de la ONU. Más de 12.600 cascos azules procedentes de Europa y África han ido saliendo progresivamente del territorio de Mali. La MINUSMA ha visto limitada su capacidad de acción sobre el terreno durante toda su misión y, muy especialmente, entre 2016 y 2017, cuando en Macina, en el centro de Mali, tuvieron lugar los enfrentamientos entre comunidades más graves de toda la historia del país. Aunque la población solicitó su intervención, las limitaciones de MINUSMA la hicieron imposible, lo que provocó que la población empezase a mostrarse muy reacia a la continuidad de su presencia en suelo maliense.

La decisión de Goïta se relaciona con la nueva dinámica estratégica que se está imponiendo de buscar apoyo en otros agentes que no solo declaran su respeto por la soberanía de Mali, sino que carecen de pasado colonial y muestran su compromiso de devolver a la administración central maliense aquellos territorios ocupados por las milicias insurgentes que logren recuperar, ya que en los paramilitares de Wagner también reside la supuesta responsabilidad de debilitar a los grupos armados. Nos referimos, como es obvio, a Rusia, que ha logrado posicionarse en el continente africano a través del nicho de la seguridad. Cierto que ya la Unión Soviética estuvo muy implicada en la geopolítica africana durante la década de los 60 apoyando a los diversos movimientos de liberación nacional contra las potencias coloniales europeas, pero ahora vuelve como *hard power*, estableciendo bases militares en territorio africano y recurriendo a mercenarios para hacer frente a los enemigos de los estados sahelianos.

Rusia ha encontrado un terreno abonado para sus mercenarios en los lugares en los que las tropas francesas han dejado de ser bien recibidas. Así ha ocurrido en Mali, donde una parte de la insurgencia armada, en concreto la que se aglutina bajo las siglas de la Coordinadora del Movimiento de Azawad (CMA) y la Plataforma, ambas de naturaleza secesionista, estuvieron ligadas a las fuerzas francesas, para las cuales la amenaza procedía exclusivamente de las organizaciones yihadistas. El objetivo de Francia estaba puesto únicamente en la nebulosa yihadista, mientras que, para el estado maliense, además de los insurgentes de corte religioso, existían otros de idéntica peligrosidad para su integridad territorial, cuya ideología es de naturaleza nacionalista.

Para los secesionistas tuaregs y árabes insurgentes, que desde la independencia de Mali en 1960 reivindican el norte de Mali como una nación propia, la presencia de Francia significó una oportunidad para legitimarse como actores políticos y consolidarse en el territorio como las nuevas élites dirigentes *de facto* enfrentándose a otro enemigo: el yihadismo. La percepción del yihadismo como amenaza global ha servido de coartada para que los secesionistas árabes y tuaregs avancen en la consecución de su reivindicación territorial.

La alianza de tuaregs y árabes con Francia frente a la amenaza yihadista hizo posible la aparición de un estado *de facto* en el norte de Mali. La declaración de independencia de Azawad lanzada en 2012, que aún no ha sido rebatida por la administración central, significó un punto de inflexión en la historia contemporánea de la insurgencia azawadí y, sumada a la presencia de los grupos yihadistas, condujo a la intervención internacional liderada por Francia. El «problema tuareg» nacido en 1963 se convirtió en una profunda crisis territorial que, actualmente, parte Mali en dos. Las autoridades malienses, después de más de diez años de presencia de las tropas francesas en su territorio, vieron cómo se consolidaba el empoderamiento de una parte de la insurgencia mientras Francia no contribuía a que el país recuperase su unidad territorial. Ello condujo a la debacle que ha derivado en un efecto dominó en toda la región, como veremos más adelante.

Así las cosas, Rusia aparece en escena sin complejos, pues carece de pasado colonial. Sin aliados en la zona, ofreció su apoyo al Estado maliense para vencer a los grupos armados que provocaban inestabilidad, sin tener en cuenta las ideologías de unos u otros. El nuevo poder militar de Mali modificó radicalmente su agenda geopolítica al desvincularse de su pasado francés y apostando por una nueva vía. Pero los tentáculos de Rusia no sólo se extienden por el África francófona, en países como Mali, Burkina Faso, Guinea, la República Centroafricana o Níger, también se alcanzan a Libia o Mozambique. La presencia rusa se nutre de la inestabilidad política y de las múltiples crisis internas para ocupar un lugar preponderante operando a través del sector de la seguridad, sector en el que ya había intervenido Estados Unidos entre 2005 y 2012 en el marco de su lucha contra el terrorismo internacional con escasos resultados y que fue sustituido por Francia con las tristes consecuencias que ya conocemos.

La formación militar de los distintos ejércitos sahelianos y los mecanismos de prevención establecidos en la zona dentro del marco de la lucha global contra el terrorismo tuvieron lugar durante una fase de excepcionalidad y urgencia por parte de Estados Unidos, que, en 2002, diseñó la PSI (Pan Sahel Initiative), el popular programa de refuerzo de las capacidades militares de las fuerzas armadas locales del Sahel, que estaba centrado en la vigilancia de fronteras y de las personas. La motivación inicial de la puesta en marcha de la PSI fue la aparición en la región del Grupo Salafista por la Predicación y Combate (GSPC), que fuera la antesala de Al Qaeda en el Magreb Islámico (AQMI). En 2005, la PSI fue sustituida por la Asociación Transahariana de Contraterrorismo (TSCTP, Trans-saharan counter-terrorism Partnership), un programa multiagencias dirigido no solo al componente militar, sino también al civil.

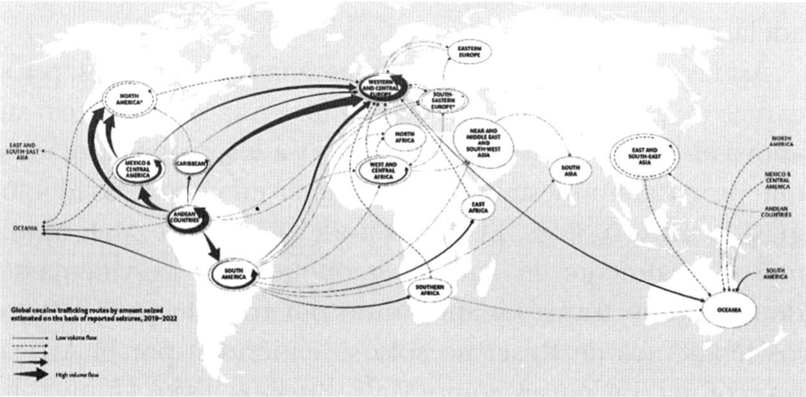

Mayores redes de narcotráfico del mundo. Fuente: ONUDC.

En esta época, el U. S. Africa Command (AFRICOM) del ejército estadounidense promovió las maniobras militares especiales Flintlock, que se iniciaron en 2005, dos días después de un ataque contra una base militar en Lemgheity, en la región de El Hank, al este de Mauritania y en la frontera con Mali, un área conocida por ser una ruta esencial expuesta al tráfico de drogas atribuido al GSPC.

Flintlock se considera el mayor despliegue del ejército estadounidense en África después de la operación Antorcha durante la Segunda Guerra Mundial. Cinco años después, un contingente español participó, como unidad de apoyo, en Flintlock 2010, en un momento de gran sensibilidad en España tras el secuestro en 2009 de tres cooperantes españoles.

A partir de 2007, todos los programas se incorporaron en el nuevo AFRICOM, cuyo objetivo es combinar la seguridad y la ayuda al desarrollo. Una vez más, acciones dirigidas a la prevención, la seguridad y el desarrollo, y de nuevo un balance igualmente trágico para los Estados Unidos que, tras invertir más de ocho millones de euros en un programa militar de apoyo a la capacidad militar de cuatro países, Chad, Mali, Níger y Mauritania, vio cómo todo se iba al traste en 2012. La paradoja empezó a vislumbrarse en esa época en Mali, donde árabes y tuaregs que durante años habían estado recibiendo de AFRICOM apoyo logístico, formación militar y equipamiento para luchar contra el terrorismo yihadista se desvincularon de Estados Unidos para unirse a una insurgencia armada que apareció con una rapidez sorprendente. Unidades especiales creadas por los Estados Unidos en Tombuctú, Bamako o Gao se reciclaron para cumplir con los intereses de los combatientes hasta que la insurgencia se dividió en dos: la yihadista y la nacionalista.

En definitiva, Estados Unidos financió durante años una teórica lucha contra el terrorismo liderada por individuos que terminaron dentro de los mismos grupos armados que deberían combatir. Las mismas personas entrenadas en el marco de la Iniciativa Pan-Sahel (PSI, Pan-Sahel Initiative) para apoyar al estado maliense terminaron integradas en las filas yihadistas de Al Qaeda o en las de los grupos nacionalistas (secesionistas) armados. Una realidad que trae a la memoria lo sucedido en Afganistán cuando los talibanes, entrenados por los Estados Unidos para luchar contra los soviéticos en el marco de la Guerra Fría, iniciaron una guerra nacionalista contra los mismos estadounidenses.

La historia, pues, se repite y, de nuevo, toda la inversión realizada en la batalla contra el terrorismo y los programas militares concebidos para mejorar la seguridad fronteriza y evitar el asentamiento de la criminalidad organizada y los grupos terroristas en la zona resultaron infructuosos. Los azawadíes recibieron adiestramiento en el empleo de armamento, comunicaciones y patrulla y se les entregaron los equipos militares que les sirvieron para iniciar la revuelta en 2012. No solo los tuaregs y árabes huidos de Libia tras la desintegración del régimen de Muammar el Gadafi fueron parte esencial en la crisis de 2012, sino también lo fue todo el material bélico proporcionado por la PSI, que pasó de ser un programa de adiestramiento militar a convertirse en una estrategia antiterrorista.

Fuerzas especiales occidentales entrenando a soldados malienses en Tombuctú.

En esa misma época, Francia apostó por incrementar sus vínculos e influencia en las zonas de la denominada «francofonía» desplegando fuerzas militares. Hasta ese momento, Francia había limitado su intervención en sus antiguas colonias a programas de cooperación económica y ayuda al desarrollo junto con una importante presencia empresarial. La aparición de grupos yihadistas y el fortalecimiento de las fuerzas independentistas en el norte de Mali y la petición de auxilio del gobierno de Bamako supusieron un cambio en la posición francesa en el país. Respaldada por la ONU y en respuesta al gobierno maliense, Francia desplegó, en 2012, 5100 efectivos en el marco de la operación Serval, más adelante Barkhane.

La presencia de Rusia no lanza tampoco un balance positivo. «A finales de marzo de 2022, las fuerzas armadas de Mali, acompañadas por personal militar que se sospecha que pertenecían al Grupo Wagner, ejecutaron a varios cientos de personas que habían sido detenidas en Moura, un pueblo en el centro de Mali», aseguró la ONU en un comunicado. También se han registrado abusos en otros países en los que tienen presencia, como la República Centroafricana, Libia y Sudán. A los gobiernos de estos países les interesa colaborar con estos grupos paramilitares porque no se sienten concernidos por el respeto de los derechos humanos.

También los estados sahelo-saharianos han recurrido en algún momento de su historia a las milicias en lugar de convertirse en estados estables con cuerpos y fuerzas de seguridad profesionales. Desde la caída del régimen de Modibo Keita en 1968, el ejército maliense quedó desintegrado y el nuevo gobierno de Bamako prefirió hacer frente a la amenaza territorial que suponían los tuaregs contratando a los grupos de paramilitares de los Ganda Izo y los Ganda Koy, etnias dogons al servicio del Estado. El recurso a la milicia ha sido una práctica muy común en la política maliense para afrontar sus insurgencias secesionistas. Lo hizo en el pasado y lo volvió a hacer en 2016 suministrando armas a grupos de autodefensa de la comunidad étnica dogon para luchar contra organizaciones yihadistas de naturaleza peul. Una vez más, la participación de las milicias en el conflicto ha convertido la violencia, en parte, en intracomunitaria y racial.

En 2023, con la salida de las tropas occidentales del escenario saheliano, Mali ha recurrido a milicias extranjeras. Las tropas de Wagner hacen su labor sin complejos, asegurando contar con la aquiescencia del gobierno y dando una respuesta efectiva a las necesidades estratégicas de este. Este escenario se ha repetido en Burkina Faso, donde Francia desplegó a 400 operativos de sus fuerzas especiales en apoyo del ejército burkinabés para luchar contra la insurgencia terrorista, y en Níger, donde Francia desplegó no sólo sus tropas, sino que también envió alrededor de 4000 contenedores logísticos y 1000 vehículos, entre ellos cientos de blindados. Tras el fracaso del despliegue en Mali, la presencia militar francesa en el Sahel se redujo, a finales de 2022, a la mitad (unos 2500 efectivos). Antes del golpe contra el presidente Mohamed Bazoum del 26 de julio de 2023, Níger mantenía en Niamey una base aérea y daba su apoyo a 250 soldados franceses en sus operaciones militares en la frontera con Mali.

LA CRECIENTE INSEGURIDAD Y LOS GOLPES DE ESTADO

Los tres países clave del Sahel occidental (Mali, Níger y Burkina Faso) han justificado su cambio de estrategia con los mismos argumentos: tras años de despliegue de tropas francesas, los gobiernos apenas controlan el 50 % de sus territorios en Burkina Faso y Níger. Este hecho ha desatado un profundo sentimiento antifrancés, desplazando a la antigua metrópoli en el ajedrez saheliano.

Tras el intento fallido de Estados Unidos y Francia de generar mayor seguridad, Rusia ha aparecido utilizando el modelo de intervención directa en tierras sahelianas. Otros países, como Reino Unido, Canadá y Australia, también están presentes en la zona desde hace décadas, pero con el objetivo exclusivo de buscar oro. El Sahel se ha convertido en el laboratorio del nuevo orden mundial, escenario de una nueva guerra y una de las regiones más inestables de África. A la corrupción, la mala gobernanza, los efectos del cambio climático y las consecuencias en las migraciones, se ha sumado el surgimiento de grupos armados, bandas de criminalidad organizada y narcotraficantes. Estos actores criminales controlan personas, tierras y parte de una economía legal y criminal, convirtiéndose en una suerte de Estado paralelo.

Sorprende que, antes de la llegada de los rusos, a pesar de la presión de seguridad ejercida por actores internacionales, estas organizaciones se hayan multiplicado a una velocidad asombrosa. La pionera en el campo yihadista fue Al Qaeda en el Magreb Islámico en los años 2000, luego aparecieron otras organizaciones terroristas de raíz maliense, como Ansar Dine o el Frente de Liberación de Macina (Mali). Más tarde, se señaló Daesh en Níger y Ansar el Islam en Burkina Faso, cuestionando todo el enjambre securitario internacional, regional y nacional en los países de las tres fronteras de Liptako-Gourma.

Un estudio crítico sobre la eficacia de los mecanismos de seguridad en el área del Sahel necesita un análisis pormenorizado de lo sucedido durante la última década en esta zona, porque implica cuestionar si la presencia de tropas extranjeras se ha centrado en la protección de la población ante las amenazas internacionales que se han abatido sobre los estados sahelianos o si se ha utilizado el gran Sahel como un simple tablero de juegos geopolíticos entre actores tanto internacionales como regionales empleando inválidas estrategias y mecanismos de seguridad. Nos referimos, como veremos más adelante, a la securitización de la zona y no a su seguridad, hecho que ha dado lugar a numerosas contradicciones en esta área africana.

Rusia, China o Wagner no son una solución para las nuevas geografías africanas en las que influyen, pero Francia, de acuerdo con el sentir de la ciudadanía africana, sí es un problema. Y así se ha visto con los recientes golpes de Estado, incluido el último en Gabón. La capital africana, Libreville, considerada por Francia como uno de sus bastiones en el continente, cayó en manos de militares golpistas, deponiendo al último representante de una dinastía que gobierna Gabón desde 1967, la de la familia Bongo. Ali Bongo es el hijo de Omar Bongo, que permaneció en el poder desde 1967 hasta su muerte en 2009. Ali se presentó a las elecciones de 2023 para reeditar su mandato y es así como la dinastía Bongo lograba mantenerse tras unas nuevas elecciones sin contestación social.

Sin embargo, unos días después de las elecciones, la ciudadanía denunciaba en las redes sociales «un golpe institucional», refiriéndose a elecciones no democráticas que otorgaban nuevamente la silla presidencial al jefe de un régimen corrupto y depredador. Un régimen que ha contado con la connivencia de Francia, país con el que ha mantenido una estrecha relación debido a su pasado colonial y por su agenda económica. Gabón, con 2,4 millones de habitantes, ocupa un modesto lugar entre los socios comerciales de Francia, a pesar de que grandes empresas francesas como la petrolera TotalEnergies o el grupo minero Eramet llevan décadas funcionando en territorio gabonés.

En este contexto, Gabón se ha convertido en la última de las piezas del África central que han caído en manos de los militares, aunque no por los mismos argumentos esgrimidos en los otros países y que apuntan los altísimos niveles de inseguridad en sus territorios pese a la presencia de tropas francesas dentro de sus fronteras. Libreville se encuadra en un contexto diferente, pues no existe la amenaza yihadista y no hay tropas francesas desplegadas en el país; la sucesión de golpes de Estado en los países del Sahel occidental ha sido vista como una ventana de oportunidad por el ejército de Gabón.

La toma del poder por parte de los militares ha recibido el apoyo de los jóvenes, que no ven en el ejército una amenaza, sino la alternativa a la longeva y corrupta dinastía Bongo. De nuevo podemos observar cómo una democracia disfuncional provoca el refrendo ciudadano de un golpe de Estado que impugna los resultados de unas elecciones de dudosa legitimidad y el apoyo a un ejército que denuncia la rapiña de las riquezas de un país por parte de un partido, un clan, una élite, una tribu…

En Gabón, el mal endémico es el mismo de otros países del Sahel: la brecha entre la riqueza de un país abundante en petróleo y la pobreza de su población. En Mali, la brecha entre la riqueza de un país rico en oro y algodón y la pobreza de su ciudadanía. En Níger, la brecha entre la riqueza de un país riquísimo en uranio y la pobreza de los nigerinos y así sucesivamente. El descubrimiento de estos recursos naturales y su deficiente explotación por parte de empresas extranjeras, en su mayoría francesas, con la connivencia de las élites civiles africanas ha provocado la mayor crisis poscolonial entre Francia y sus antiguas colonias. Las cuestiones económicas siguen siendo el principal factor estructural de estos trastornos políticos y, junto con el aumento de los grupos armados de diversa naturaleza ideológica, están marcando el inédito distanciamiento con Francia de los Estados del África occidental. Al golpe de Estado de Gabón le precedieron los tres países centrales del Sahel, que han alterado significativamente la dinámica geopolítica de la región.

Assimi Goïta, el jefe de Estado de Mali, Abdourahmane Tiani, el jefe de Estado de Níger, e Ibrahim Traoré, en Burkina Faso. Source

EL SAHEL, LA REGIÓN MÁS INESTABLE DE ÁFRICA

Mali (2021-2024)

Mali ha experimentado una serie de golpes de Estado que han marcado su historia política reciente. Tras la independencia, el país estuvo bajo un régimen socialista hasta 1968, seguido de un largo período de gobierno militar hasta 1991. La transición a la democracia en 1992 fue interrumpida por un golpe en 2012, lo que llevó a intervenciones internacionales. Ibrahim Boubakar Keita fue elegido presidente en 2013 y reelecto en 2018, pero su mandato fue interrumpido por otro golpe en 2020. En mayo de 2021, un nuevo golpe llevó a Assimi Goïta al poder como presidente interino. La inestabilidad política ha sido una constante, con frecuentes cambios de poder y desafíos a la gobernanza democrática.

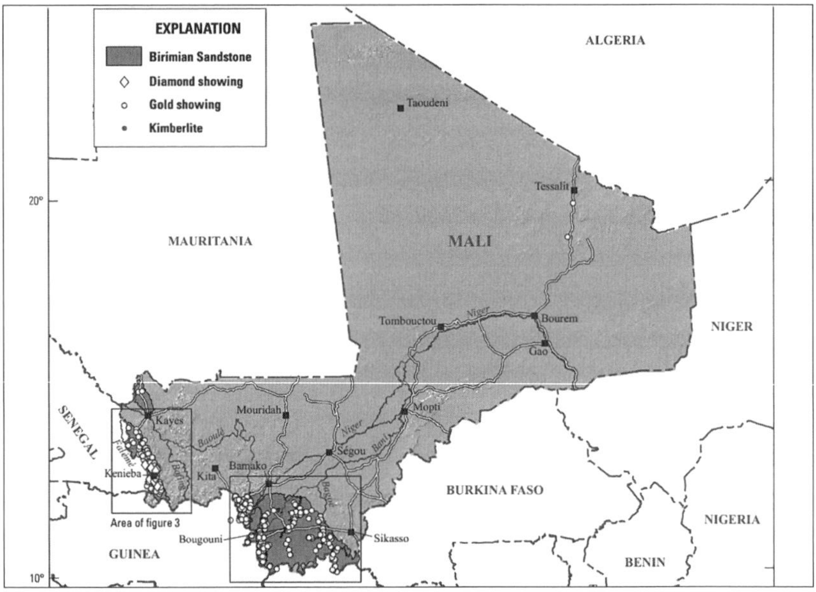

Mapa geológico de Mali que muestra depósitos de oro y diamantes; 1 de enero 2010.

Burkina Faso (2022-2024)

Burkina Faso, conocido anteriormente como Alto Volta, ha sufrido una inestabilidad política significativa desde su independencia. En 1983, el capitán Thomas Sankara tomó el poder e inició una revolución de izquierda, renombrando el país como Burkina Faso en 1984. Sin embargo, su gobierno fue breve, ya que fue asesinado en un golpe en 1987. La inestabilidad continuó con un golpe en enero de 2022, seguido de otro en septiembre del mismo año. El capitán Ibrahim Traoré fue nombrado presidente de transición. El país enfrenta enormes desafíos para mantener la estabilidad y llevar a cabo procedimientos democráticos y elecciones.

Níger (2023-2024)
Níger ha alternado entre gobiernos civiles y militares desde su independencia. Tras un golpe en 1974, el país estuvo bajo régimen militar hasta 1991, cuando las protestas populares llevaron a una transición democrática. Sin embargo, los golpes en 1996 y 1999 interrumpieron este progreso. En 2010, otro golpe prometió un retorno a las elecciones democráticas, y en 2011, Mahamadou Issoufou fue elegido presidente, seguido por Mohamed Bazoum en 2021. Sin embargo, en 2023, un golpe liderado por el general Abdourahamane Tchiani dejó al país en una situación frágil.

Estos golpes de Estado han alterado significativamente la dinámica geopolítica del Sahel. La influencia occidental, especialmente la francesa, ha disminuido, mientras que actores como Rusia, China y los Estados del Golfo han ganado terreno. La región se ha convertido en un campo de competencia donde diferentes actores internacionales buscan sus propios intereses. La CEDEAO, la ONU y la UA han perdido influencia, y los países del Sahel ahora se centran en una organización regional llamada la Alianza de Estados del Sahel. Los recientes golpes de Estado en Mali, Burkina Faso y Níger han desencadenado una reconfiguración geopolítica en el Sahel, con una disminución de la influencia occidental y un aumento de la presencia de nuevos actores internacionales. La región sigue siendo una de las más inestables de África, enfrentando desafíos significativos en su camino hacia la estabilidad y la gobernanza democrática.

La Wagner: el final de una tregua

Con la presencia de los mercenarios del Grupo Wagner en el Sahel, se ha roto la tregua, el diálogo y cualquier proceso de paz con los grupos insurgentes de Azawad, al norte de Mali, formados por las comunidades tuaregs y árabes blancas, así como con las organizaciones armadas de etnia peul que operan en el centro de Mali, este de Níger y norte de Burkina Faso (las tres fronteras de Liptako-Gourma). Las milicias rusas, respaldadas por el Kremlin, han entrado en el juego geopolítico del Sahel, mandatadas por los nuevos poderes militares de los tres países africanos mencionados con la premisa de eliminar todas las estructuras armadas de oposición a los Estados sahelianos que proliferan por el África occidental. Según los brazos políticos de los insurgentes y excombatientes que han encontrado refugio en países vecinos como Argelia, Marruecos o Mauritania, se trata de una guerra de exterminio, con ataques arbitrarios contra la población azawadí o de piel negra peul, a la que se le acusa de alinearse, solidarizarse o defender los intereses de la organización terrorista peul que opera en esta zona (el Frente de Liberación de Macina, FLM).

El principal motivo de la nueva guerra iniciada por el presidente Assimi Goïta es la recuperación territorial del norte de Mali, controlado por insurgentes secesionistas desde hace una década, a pesar de la presencia de tropas francesas. El relato del fracaso de Occidente en Mali comenzó cuando se criticó la postura tibia de Francia frente a la insurgencia independentista. En este contexto, el gobierno militar de Mali ha adoptado una postura hostil hacia Occidente y Francia, lo que ha llevado a la expulsión de militares extranjeros y al cierre de escuelas de primaria, secundaria y bachillerato de sello francés, así como a la suspensión de cualquier otra colaboración con el antiguo colono.

Efectivo del Grupo Wagner.

Apoyados por Rusia, el gobierno ha centralizado el poder, ejerciendo un control estricto sobre las autoridades locales y regionales. Las elecciones se han pospuesto indefinidamente, priorizando las preocupaciones de seguridad. El espacio público se ha cerrado al debate abierto y crítico, en lo que respecta especialmente a la reanudación de la guerra contra los insurgentes secesionistas árabes y tuaregs del norte de Mali y las violaciones cometidas contra los derechos humanos de la comunidad peul. La información está dominada por Rusia y China, y para que no quede atisbo de duda del retorno del autoritarismo a Mali, los partidos políticos han sido abolidos. En cuanto a la sociedad civil, el control es férreo y el gobierno militar es categórico en la presión contra las voces militantes que reclamen unas futuras elecciones para que el país entre nuevamente en la senda democrática mientras el terrorismo siga campando libremente.

Mapa del área del norte de Mali en donde se libra la guerra entre los insurgentes independentistas árabes y tuaregs y las tropas mercenarias rusas.

LOS MERCENARIOS RUSOS CONTRA LOS TUAREGS Y ÁRABES DE AZAWAD

La llegada de la Wagner a Mali ha puesto fin al acuerdo de paz que los grupos insurgentes alcanzaron con el Estado maliense en 2015 bajo la presidencia del ahora difunto Ibrahim Boubakar Keita (IBK) y que contó con la mediación de Argelia y el apoyo de Naciones Unidas y particularmente de Francia. La ratificación de este acuerdo se debió a la última crisis surgida en 2012, cuando los grupos yihadistas y secesionistas unieron sus fuerzas para controlar el norte de Mali (Azawad). Ante la pérdida territorial, el Estado maliense lanzó una llamada de socorro a Francia, que envió sus fuerzas especiales unos meses más tarde de la ocupación para enmendar la situación.

Francia intervino en 2013 con su operación Serval, a la que rebautizó en poco tiempo Barkhane, eso sí lo hizo sin participación del ejército maliense, tomando decisiones unilaterales sobre a quién de la insurgencia debía proteger y a quién debía atacar. Distinguió entre los tuaregs, árabes y peuls que blandían la bandera de la yihad y aquellos que blandían la bandera del secesionismo. A los primeros, los intentó abatir y a los segundos los protegió y defendió. Nos referimos a los grupos armados que hoy se conocen como la Coordinación del Movimiento de Azawad (CMA), un consorcio de movimientos políticos y armados, autores de la crisis territorial de 2012, que mediante la violencia y la negociación política consiguieron legitimarse como actores de primera línea.

Ellos han marcado la nueva agenda de Azawad, región a la que han ido preparando hacia un largo federalismo con el apoyo de las fuerzas internacionales, que veían al enemigo exclusivamente en las filas de la yihad. Sin embargo, no han considerado que la insurgencia del norte de Mali, aun federando ideologías diferentes, se une en lo esencial: la defensa del territorio. Lo que trasciende en los combates insurgentes no es la imposición de un Estado con una base ideológica determinada, sino el control de una región rica en recursos naturales y no naturales.

El acuerdo de paz que llegó en 2015 permitió, entonces, a las tribus azawadíes gestionar su territorio libremente. Durante los años de presencia francesa en Azawad, mientras se luchaba contra los grupos yihadistas, los secesionistas avanzaron en sus reivindicaciones territoriales. Francia y sus socios europeos se centraron en combatir a los yihadistas, manteniendo una postura ambivalente respecto a los insurgentes independentistas, lo que generó un debate polémico en Mali.

El sueño de Azawad estuvo muy cerca en el periodo posoperación Barkhane porque, a diferencia de las insurgencias pasadas y los procesos de paz, esta vez los actores insurrectos de las filas secesionistas lograron legitimarse con la presencia internacional. La apuesta por la negociación política permitió a los combatientes del Movimiento Nacional de Liberación Nacional (MNLA), uno de los grupos de la CMA, constituirse como una pieza clave del tablero geopolítico saheliano. Lograron el empoderamiento mediante la presencia de Barkhane en el terreno y en numerosas ocasiones se dirigían a Francia como el actor clave para la aplicación del acuerdo de paz que suponía la partición de Mali en dos. En 2017, la CMA felicitó al presidente de la República francesa, Emmanuel Macron, por su elección, destacando «el respeto por la diversidad sin discriminación». Finalmente, el comunicado de los independentistas aludió a la esperanza que la llegada de Macron suponía para la continuidad de los acuerdos de paz como solución definitiva al conflicto del norte de Mali. Los actores independentistas mostraron su disponibilidad y colaboración para alcanzar la paz y la estabilidad en Azawad. La alianza de Francia con el movimiento insurrecto abrió una brecha con Bamako que el expresidente de Mali, Ibrahim Boubakar Keita, preservó con mucho dolor. Ningún presidente en Mali había ofrecido tantas concesiones a los insurrectos secesionistas, que se tradujeron en un amplísimo federalismo para Azawad, a un solo paso de la independencia. Aquí arranca la crisis profunda entre la administración central y Francia, a la que se le ha criticado duramente porque, en el terreno de la seguridad, el país del Sahel perdió soberanía territorial, política y económica.

Tuaregs en el desierto cerca de Tombuctú, en Mali.

El régimen de Ibrahim Boubakar Keita, al firmar el acuerdo de paz de 2015, se plegó a los intereses de Francia y parte del sector azawadí. Por ello, su destitución tras el golpe de Estado conducido por el coronel Goïta se percibió por sus fieles allegados no como un fracaso del poder, sino como un alivio porque no pasaría a la historia como «el hombre que vendió Azawad». Salió del Palacio de Kouluba con la satisfacción de la inaplicabilidad del acuerdo. Keita quería reconciliación, pero sin cuestionar los cimientos del Estado, que era lo que había ocurrido.

Los ciclos de violencia en el norte de Mali y sus procesos de negociación política han servido de ventana de oportunidad para que los actores insurgentes ganen en sus reclamos territoriales. Las insurgencias en Azawad durante los años 60 y 90 desembocaron en acuerdos de paz que permitieron una revisión del reparto de la agenda económica y la representatividad política en la Asamblea Nacional (lo que en España se conoce como el Parlamento). También revisaron el acceso a puestos relevantes dentro de los cuerpos y fuerzas de seguridad y del Gobierno de los excombatientes. La concesión de estas prebendas formó parte de la estrategia del Estado de cooptar a las élites del norte de Mali para apaciguar nuevas insurgencias que desgarraban aún más el país. El problema ha permanecido siempre entre aquellos actores que exigían una refundación de la gobernanza global del país, priorizando la cohesión social y los equilibrios de poder entre las comunidades tribales y los territorios, y aquellos que, bajo la amenaza de empuñar nuevamente las armas, han buscado más motivos de separación que de unión. Los nordistas árabes y tuaregs de Azawad, aun siendo minoría demográfica comparada con otras tribus como los peuls o songhais, se sienten hegemónicos por error de un pasado colonial que fragmentó toda la población blanca de cultura beduina durante la creación de los Estados nación sin atender la sociología del actor. Igualmente, el poder de las armas y del conocimiento de las tierras sahero-sahelianas les aúpa en una visión de dominación inaudita.

En Mali no habrá paz, tampoco en el África occidental, mientras no se resuelva una situación de carácter colonial, étnico, territorial y económico en Azawad. Los vientos no se pronostican favorables para los próximos años después de que, por enésima vez, el último acuerdo de paz en el que invirtieron con enormes esfuerzos las Naciones Unidas y la Unión Europea terminó suspendido con la renovación de la violencia. Se repite la insurgencia de 2012, pero con un reequilibrio de las fuerzas de ambos bandos y un cambio geopolítico. Con el regreso de la guerra a la región de Azawad tras la llegada de Wagner, se enterró la tregua entre la insurgencia secesionista y el Estado, y se desvaneció la posibilidad de independencia para una zona que estaba a punto de lograrla.

El Estado del golpista Assimi Goïta no tenía ninguna intención de ofrecer un trozo de soberanía para los insurgentes de Azawad. La insurgencia tampoco estaba dispuesta a perder el control sobre el territorio que reclama como suyo tras la llamada rebelión de 2012. Sin acuerdo, unos y otros han vuelto a una guerra sin cuartel. No obstante, así se ha venido explicando la historia de Azawad, entre ciclos de paz y de violencia, con varios intentos de resolución de conflicto y procesos de paz nunca conseguidos.

La diferencia principal entre la insurgencia de 2012 y las anteriores es que se ha pasado de reivindicaciones de federalismo y descentralización a una demanda clara de independencia basada en criterios territoriales y raciales. Los actores actuales de la insurgencia han promovido una identidad propia para Azawad, centrada en las tribus blancas tuaregs y árabes. Sin embargo, no todos comparten esta visión, ya que las élites están divididas en cuanto al modelo de Estado que desean, y la población civil también tiene opiniones divergentes sobre el proyecto azawadí. Dentro de las élites del norte de Mali se encuentran figuras influyentes como los generales y gobernadores de la región de Kidal (bastión clave de la comunidad tuareg) y de la región de Taoudeni, El Hadj Ag Gamou y Abderrahmane Ould Meydou, respectivamente.

Estos actores clave de Azawad se han distanciado de las ideas de independencia territorial. En contraste, fuera del campo secesionista, otros líderes como Iyad Ag Ghali, de Ansar Dine, y Bilal Ag Cherif, del MNLA (Movimiento Nacional para la Liberación de Azawad), abogan firmemente por la separación. Esta división entre las élites refleja la complejidad y las tensiones internas en la región, donde las visiones sobre el futuro de Azawad varían significativamente. No obstante, las ideologías de unos y otros poco importan en un momento de la historia de Mali que ha reorientado su estrategia y su visión geopolítica.

La vía militar se ha vuelto a imponer y el diálogo en el que creyó las Naciones Unidas e invirtió grandes partidas de dinero desde 2015 se ha ido al traste. Cuando Goïta asumió la presidencia en Koulouba, una de sus primeras acciones fue deshacerse del acuerdo de paz, que representaba una significativa pérdida de soberanía territorial para Mali. Con la anulación del camino hacia la independencia para los árabes y tuaregs del norte de Mali, la estrategia se orientó hacia Moscú. A diferencia de Francia, Rusia apoyó abiertamente los combates de sus paramilitares en el terreno, favoreciendo la recuperación de la integridad territorial.

El fin de la tregua ha puesto de relieve que en Azawad pesan más las cuestiones económicas que las ideológicas. Este enfoque ha evidenciado uno de los grandes fallos de Occidente en su mirada hacia el sur global: observar e intervenir en la región únicamente por razones yihadistas eclipsa las realidades empíricas. En consecuencia, el futuro vuelve a ser incierto para la región de Azawad, disputada por todos debido a sus valiosos recursos y su papel en la economía criminal, especialmente en el tráfico de drogas. El control de estas riquezas es el eje de los movimientos armados, superando los agravios políticos o sociales. Además, el fortalecimiento económico de los grupos armados ha provocado un crecimiento significativo de sus frentes políticos, económicos y territoriales. La insurgencia de Azawad busca proteger sus zonas de influencia del crimen organizado e incrementar los beneficios económicos. Al fin y al cabo, lo que está en juego es un espacio con recursos, tanto legales como ilegales, altamente rentables.

Por lo tanto, esta reflexión entierra la visión securitaria de Occidente hacia el sur global, que se limitó a lo largo de las últimas dos décadas a poner en el centro de la diana la amenaza global de la yihad. Aquí reside gran parte del fracaso occidental: pensar que la ideología yihadista responde a todos los conflictos y todo lo justifica. Es cierto que la guerra global contra el terror ha dado sentido a un proceso de securitización en varios países del continente africano. Sin embargo, con el tiempo, se observa que pesa mucho más la geopolítica, vista esta como un espacio político vinculado a los intereses económicos, que el hecho de «securitizar» países y proteger a poblaciones frente a la amenaza terrorista. En ese sentido, la geopolítica ha dejado de representar un lugar expuesto a los mapas, imágenes y gráficos para convertirse en una disciplina que permite estudiar las rivalidades o luchar por la influencia en una zona territorial y controlarla. En el África occidental, oriental y central, donde se están librando los conflictos más sanguinarios en los últimos años, como en Mali, Burkina Faso, Sudán, República Centroafricana o República Democrática del Congo, los actores estatales y no estatales rivalizan por el control territorial, que es una manera de medir el poder. Hay escenarios de luchas internas entre las élites estatales político-militares que recurren a bases populares para iniciar un proceso bélico, pero también hay escenarios donde las rivalidades no son entre Estados, sino protagonizadas por actores no estatales. Así, la geopolítica no es patrimonio únicamente de los Estados, sino también de los individuos con o sin recurso a la violencia, los movimientos de protesta o las organizaciones no gubernamentales.

Actualmente, en el norte de Mali, las fuerzas paramilitares rusas y los insurgentes secesionistas, tuaregs y árabes, se enfrentan en una guerra feroz por el control de Azawad. Esta zona territorial, con la que los paramilitares rusos no tienen apego alguno, es vital para los insurgentes azawadíes, quienes no se reconocen fuera de la tierra reclamada y menos aún en los márgenes de una guerra. «Nosotros no sabemos hacer la paz», declaró un alto cargo tuareg del movimiento insurrecto en el momento más tenso de los combates entre el Grupo Wagner y la insurgencia secesionista.

LOS MERCENARIOS RUSOS CONTRA LOS PEULS

Se acabó también cualquier proceso de negociación con los grupos armados de la etnia peul tras la reordenación estratégica de los poderes militares que sólo ven en la vía militar la solución. El 17 de febrero de 2023, más de una decena de malienses de etnia peul fueron asesinados bajo la sospecha de pertenecer a los Grupos Armados Terroristas (GAT). La televisión pública de Mali, la ORTM, informó sobre el hecho, destacando el «aumento del poder del ejército maliense tras neutralizar a muchos terroristas». La audiencia en Bamako difícilmente puede cuestionar las informaciones del Estado, pero las élites políticas de etnia peul expresaron su preocupación por la dificultad de distinguir entre peuls vinculados a *katibas* terroristas, como el Frente de Liberación de Macina (FLM), y peuls civiles desvinculados de la violencia. Desde la aparición en 2015 de una organización yihadista vinculada a AQMI y de mayoría peul, esta etnia ha sido estigmatizada. Este ataque no fue un hecho aislado; desde la llegada del Grupo Wagner a Mali, las intervenciones militares en zonas de mayoría peul se han multiplicado. Según expertos de la ONU, se están cometiendo graves violaciones de derechos humanos y posibles crímenes de guerra por parte de las fuerzas gubernamentales y los mercenarios rusos. «Desde 2021, los expertos han recibido relatos persistentes y alarmantes de ejecuciones, fosas comunes, torturas, violaciones, saqueos, detenciones arbitrarias y desapariciones forzadas perpetradas por las fuerzas armadas malienses y sus aliados en la región de Mopti y otros lugares». Además, informan que «durante varios días a finales de marzo de 2022, las fuerzas armadas malienses, acompañadas por soldados sospechosos de pertenecer al Grupo Wagner, ejecutaron a varios centenares de personas en Moura, un pueblo del centro de Mali»[1].

Familia fulani de Mali.

La represión que Wagner está perpetrando contra la comunidad peul era la situación más temida por esta etnia, que vive aterrada ante los abusos de los mercenarios. En solo un año de presencia de Wagner en el Sahel, con Francia en retirada debido a la crisis con Mali, el balance de la presencia rusa empieza a ser preocupante. Aun así, Moscú ha redoblado su apuesta en el sur global, eligiendo una región altamente conflictiva donde la política occidental ha cometido grandes errores, generando un creciente sentimiento antieuropeo y fracasos significativos tanto de actores internacionales como regionales. En este contexto, Wagner sigue extendiendo sus tentáculos en el Sahel y ha instalado bases

1 Leer: https://www.ohchr.org/en/press-releases/2023/05/malian-troops-foreign-military -personnel-killed-over-500-people-during

de operaciones en otros países de África occidental, con los que Rusia mantiene lazos de cooperación militar desde su independencia en los años 60. Aunque la presencia de Rusia en África, y particularmente en el Sahel, no es nueva, el desembarco de las tropas de mercenarios de Wagner sí representa un escenario completamente novedoso que ha trastocado la geopolítica regional e internacional.

En países vecinos como Burkina Faso, el panorama es igual de desgarrador en lo que respecta a la comunidad peul. Este país es el segundo del mundo con mayor actividad terrorista, alrededor del 60 % del territorio escapa del control del Estado. Pero la violencia no es sólo desafiante cuando esta es ejercida por milicias, organizaciones terroristas o estructuras de criminalidad organizada, sino también cuando provienen de fuerzas irregulares o milicias de autodefensa promovidas por los Estados del Sahel.

La organización no gubernamental Internacional de Crisis Group alerta en Burkina Faso sobre los grupos de autodefensa creados desde 2014 para restaurar la seguridad y que han agravado las violencias locales contra la comunidad peul. En especial, a partir de 2019, en el centro-norte y en la región de Soum, en donde emprenden operaciones esporádicas jóvenes movilizados de manera voluntaria (Voluntarios de Defensa de la Población) por el Estado para luchar teóricamente contra los yihadistas. La respuesta del gobierno de Burkina Faso con el apoyo de los mercenarios rusos contra poblaciones civiles peuls está favoreciendo los reclutamientos yihadistas por protección frente al Estado. En abril de 2023, en la aldea de Karma, al norte del país, hombres uniformados supuestamente pertenecientes a las fuerzas armadas burkinesas llevaron a cabo una matanza en la que murieron alrededor de 226 civiles, incluidos mujeres y niños. Testigos relataron escenas de extrema brutalidad, con ejecuciones sumarias y disparos a quemarropa a personas que intentaban huir o buscar refugio. Se habló de crímenes contra la humanidad que ningún país en el mundo ha denunciado hasta el día de hoy. Esto es también parte del fracaso de la Comunidad Internacional, que durante los años de presencia en la región no fue capaz de proteger a estas poblaciones extremadamente vulnerables.

LA GUERRA EN EL NORTE DE MALI Y LA PERDURABILIDAD DEL GRUPO WAGNER

La llegada de la Wagner al Sahel representa el fracaso de Occidente, pero tampoco se puede entender como el éxito de Rusia. A pesar de sus esfuerzos por consolidar su influencia, la resistencia de la insurgencia independentista local ha demostrado ser un obstáculo formidable. En una emboscada en Tinzaouten en agosto de 2024, los insurgentes del norte de Mali (Azawad) acabaron con la vida de 84 combatientes rusos y 47 soldados de las fuerzas armadas malienses que los acompañaban en las incursiones. Este golpe fue devastador para el grupo mercenario, anteriormente liderado por el fallecido Evgeny Prigozhin, y ahora bajo el control de la estructura de mando de la defensa rusa.

Del golpe mortal contra la Wagner, los enemigos de Rusia buscan sacar réditos políticos en un momento en el que otra guerra se libra en Ucrania y que enfrenta la alianza occidental con el bando ruso. El primer liderazgo en salir a la palestra para vanagloriarse del desastre de los mercenarios rusos fue Andriy Yusov, portavoz del servicio de inteligencia militar de Kiev (GUR), que afirmó que los insurgentes tuaregs de Mali habían recibido «información crucial y otros apoyos» que les permitieron ejecutar con éxito la operación militar contra los combatientes rusos. Esta declaración ilustra cómo la guerra entre Ucrania (Occidente) y Rusia se declara desde la puerta africana saheliana. Moscú, por su lado, defiende los regímenes militares y Occidente apoya a los grupos armados secesionistas. Estos mismos que habían provocado la mayor crisis de la historia de Mali y de toda África occidental en 2012. Las armas y los coches blindados están llegando al bando de los insurgentes armados de alguna manera, y todos los observadores miran directamente a Ucrania, que a su vez es apoyada por los Estados Unidos desde la invasión rusa.

LA FRONTERA DE ÁFRICA Y LAS LUCHAS DE LAS SUPERPOTENCIAS

Después de Ucrania, el Sahel se ha convertido en la otra frontera de las luchas de poder de las superpotencias. Si bien esta región y otras vecinas del continente africano han sido un espacio para intervenir geopolíticamente motivada por la guerra global contra el terrorismo, en la actualidad lo sigue siendo por la presencia de los rusos, considerados por Occidente como los enemigos de la democracia.

La novedad en esta región es que Ucrania ha tomado un papel activo apoyando a los rebeldes de Azawad en su lucha contra el Grupo Wagner, la organización paramilitar rusa. Este conflicto no solo refleja la competencia por el control territorial y político, sino también la pugna por los recursos naturales y la influencia estratégica en una de las regiones más volátiles del mundo. La intervención de Ucrania añade una capa adicional de complejidad, subrayando cómo las rivalidades globales se manifiestan en escenarios locales, donde cada movimiento es crucial en la búsqueda de poder y recursos.

Ucrania se ha encontrado durante el mes de agosto de 2024 en una encrucijada diplomática debido a su apoyo a los insurgentes separatistas del norte de Mali, que lograron infligir una contundente derrota al grupo militar ruso, Africa Corps. Este apoyo ha debilitado la capacidad diplomática de Ucrania en la geografía occidental de África, donde se han producido duras críticas de la CEDEAO y particularmente de Senegal, tras considerar la organización regional una injerencia de un actor externo en la región que contribuye a la inestabilidad y amenaza la seguridad en el África occidental, además de tratarse de un «intento encaminado a provocar violencia en la región en los actuales enfrentamientos geopolíticos»[2].

La estrategia de Ucrania en la región de Kursk, en Rusia, el 12 de agosto de 2024, y la ruptura de relaciones diplomáticas entre Mali y Ucrania, el 5 de agosto de 2024, han generado un impacto significativo en la seguridad regional. Además, el plan agresivo de Rusia para ganar terreno en la guerra de Ucrania, revelado el 18 de julio de 2024, ha añadido más tensión a la situación. Informes posteriores indicaron que las fuerzas especiales ucranianas habían entrenado a los separatistas en el uso de drones de ataque. Sin embargo, para muchos africanos, esto no es más que otro ejemplo de cómo las potencias extranjeras utilizan el continente como un campo de batalla para sus propias rivalidades. Como era de esperar, la junta militar en el poder en Mali y el régimen aliado en Níger rompieron relaciones diplomáticas con Kiev como señal de protesta. Pero fue la declaración de la Comunidad Económica de los Estados de África Occidental (CEDEAO) la que tuvo mayor resonancia. A pesar de sus propios conflictos diplomáticos con los regímenes militares de Mali, Níger y Burkina Faso, la CEDEAO fue clara en su condena.

La organización regional expresó su «firme desaprobación y condena de cualquier injerencia externa en la región que pueda amenazar la paz y la seguridad en África occidental y cualquier intento de arrastrar a la región a las actuales confrontaciones geopolíticas». La indignación aumentó con las insinuaciones de que algunos militantes yihadistas se habían unido a los separatistas tuaregs para llevar a cabo el ataque en Tinzaouten.

El Ministerio de Asuntos Exteriores de Senegal convocó al embajador ucraniano en Dakar para protestar después de que este publicara un vídeo en Facebook sobre los comentarios exaltados de Yusov. Desde un punto de vista

2 Leer: https://www.rferl.org/a/mali-wagner-yusov-russia-ukraine/33065807.html

estrictamente militar, haber contribuido a infligir la mayor derrota africana de todos los tiempos al Africa Corps fue un éxito para Ucrania.

EL DESASTRE DE LA SEGURIDAD EN ÁFRICA OCCIDENTAL

La amenaza que despertó a Occidente y sus recursos

El creciente panorama de amenazas en África occidental, desde el terrorismo hasta el tráfico de drogas y la piratería, motivó una respuesta significativa por parte de las potencias occidentales. Estas amenazas no solo desestabilizaron la región, sino que también representaron un riesgo directo para los intereses de seguridad global. Como resultado, Occidente comenzó a implementar políticas de securitización, marcando el inicio de una nueva era de intervención y cooperación en materia de seguridad en África occidental. La presencia del yihadismo en el África occidental empezó con Al Qaeda en el Magreb Islámico (AQMI) asentado en el norte de Mali, en la región de Azawad, y con esta primera amenaza empezaron a llegar las primeras respuestas al terrorismo internacional, como veremos más adelante. La obstinación occidental desde los atentados terroristas del 11-S contra las torres gemelas en los Estados Unidos ha sido el surgimiento del islam radical en el mundo y en las dos últimas décadas en África, en aquellos países de mayoría musulmana o con población musulmana. La mayoría de los ataques que se han venido produciendo en esta parte de la geografía africana se han entendido como golpes de radicales musulmanes y rápidamente la narrativa de la política occidental empezó a impregnarse de conceptos como el muyahidín africano. Sin embargo, en África la amenaza yihadista es mucho más compleja, no es homogénea y buscar su sentido a través del canon religioso es limitado y reduccionista, pues atiende a contextos más amplios en donde la política, lo social y lo económico son responsables. Con esto lo que queremos decir es que la llamada yihad de Somalia no es la de Argelia ni la de Libia, la de Mali o la de Níger. Cada una tiene raíz local, si bien todas coinciden en el empleo de la violencia: grupos insurgentes enfrentados a políticas de Estado y a regímenes culpables, para estas mentes criminales de tanta injusticia social en la región.

Al Qaeda crea una brigada dirigida por Tuaregs.

Al Qaeda en el Magreb Islámico es el embrión de la fuerza yihadista en África y, con el tiempo, ha sufrido divisiones internas que se han trasladado a otros escenarios como Tillabery en el oeste de Níger y Soum en el norte de Burkina Faso. También ha extendido su influencia a otros países del continente, como Mozambique, que desde 2017 se enfrenta a la violencia terrorista de inspiración yihadista, principalmente del Estado Islámico (EI). La provincia de Cabo Delgado es epicentro de la mayoría de los ataques que siguen causando cientos de muertos y miles de desplazados. Esta insurgencia recuerda a la de otros países porque imitan nombres, símbolos religiosos o lemas, sin embargo, no existen vinculaciones. Conocida como Al Shabab se podría pensar que esta insurgencia está relacionada con el grupo somalí que lleva el mismo nombre.

De la primera escisión de Al Qaeda en el Magreb Islámico surgieron otras organizaciones como el Movimiento por la Unidad y la Yihad en África Occidental (MUYAO) y Ansar Dine. De este último, más tarde, apareció un grupo de ascendencia principalmente peul, el Frente de Liberación de Macina (FLM). Con el tiempo, todos estos grupos se reunificaron bajo la rúbrica del Grupo de Apoyo al Islam y a los Musulmanes (GSIM), liderado por Iyad Ag Ghali. Como oposición al GSIM, surgió el Estado Islámico en el Gran Sahara (EIGS), con bases en la frontera este de Mali y el oeste de Níger, liderado por Omar el Saharaui. Desde la muerte de este último, y según datos de la ONU, los atentados terroristas en Mali, Níger y Burkina Faso provocaron, solo en 2019, la muerte de 4000 personas. En este capítulo, analizamos todos estos grupos, su aparición y desarrollo, hasta provocar el desembarco de tropas internacionales en suelo africano. Además, examinamos de manera crítica las medidas de seguridad internacional implementadas, demostrando el negativo balance de las políticas securitarias en el continente. Desde que el secesionismo y el terrorismo confluyeron en un espacio de «deterritorialización» ideológica y económica, el Sahel y todos los países del golfo de Guinea se han convertido en uno de los polos mundiales de una criminalidad organizada que engloba un conjunto de actividades delictivas (tráfico de drogas, armas y personas). Los perpetradores de estas actividades atraviesan las fronteras entre diferentes países, con la implicación de diversos gobiernos.

La transversalidad de los grupos armados «ideológicos» implicados en este «comercio triangular» a través de fronteras incontrolables incrementa notablemente la peligrosidad de estos grupos criminales, pero no la actividad criminal. Su implicación en la inestabilidad de estos países no tiene peso para una intervención internacional. La circunstancia que ha motivado la llegada de las primeras fuerzas internacionales, como veremos más adelante, es la bandera de la salafía yihadista, cuyos orígenes se sitúan en la guerra civil argelina y en la derrota del Grupo Islamista Armado (GIA), que más tarde, ya bajo el nombre de Grupo Salafista de Predicación y Combate (GSPC), fijó su campamento base en el norte de Mali.

Los primeros hombres armados enrolados en la bandera de la yihad global salieron de Argelia tras la guerra abierta con los cuerpos y fuerzas de seguridad argelinos que interrumpieron las elecciones, las cuales dieron la mayoría a los islamistas. Los yihadistas argelinos que huyeron de Argelia, según dice la literatura, se refugiaron en una de las fronteras más próximas, noreste de Mali, donde crearon lazos con las comunidades locales a través de los lazos familiares. Es sabido que uno de sus líderes, Mokhtar Belmokhtar, tomó en matrimonio a varias mujeres locales, asegurándose así la simpatía y colaboración de las poblaciones de la zona.

Pero parece adecuado puntualizar que estos grupos ganaron el apoyo y la integración en las comunidades locales al proveerles los servicios básicos que el débil estado maliense no lograba implantar, dada la lejanía de la zona. En 2007, el líder de la organización, el argelino Abdelmalek Drukdel, anunció que la red pasaba a denominarse AQMI y se sometía a las órdenes de Al Qaeda central como su franquicia en el norte de África. Por tanto, AQMI y sus miembros pudieron establecerse cómodamente en el norte de Mali, beneficiándose de los déficits del Estado en el área, pero también gracias a una controvertida política de no agresión directa que el presidente maliense Tumani Turé (2002-2012) aplicó. Esto les permitió disfrutar de una gran capacidad logística y de organización en la zona desde mucho antes del año 2012.

Así es como Al Qaeda en el Magreb Islámico (AQMI) prosperó en tierras sahelianas desde 2007. Sin embargo, los primeros ataques de marca yihadista no se produjeron hasta 2013, tras el despliegue de la francesa operación Serval. El personaje más destacado de esa época fue Mokhtar Belmokhtar, un antiguo líder de AQMI apodado el Tuerto o Mr. Marlboro por su vinculación con el contrabando, los tráficos legales e ilegales y los secuestros internacionales más mediáticos, como lo fue el de los tres cooperantes catalanes de la caravana solidaria en 2009. Mokhtar encontró en la presencia de tropas francesas en el Sahel el caldo de cultivo perfecto para conseguir atraer a nuevos reclutas hacia sus filas. Así pudo perpetrar la mayor toma de rehenes de la historia reciente, que tuvo lugar en enero de 2013 en una planta de gas de In Amenas, en el sudeste de Argelia, y que terminó en un baño de sangre. 32 miembros del comando de Mokhtar muertos y 23 rehenes asesinados. De nuevo fue posible ver la sombra de Mokhtar Belmokhtar en 2014, cuando cuatro jóvenes peuls atacaron a tiros el restaurante La Terrasse, en el corazón de Bamako, asesinando a cinco personas, entre ellas una niña. En 2017, en Burkina Faso, se produjo otro ataque, esta vez en Uagadugú, en el café Le Cappuccino, el Taxi-Brousse y en el hotel Splendid. En esta acción murieron 27 personas de 18 nacionalidades distintas y más de 50 resultaron heridas. Los ataques en lugares públicos muy concurridos se alternaban con el secuestro de ciudadanos internacionales que seguían circulando por la región. La razón aducida para el ataque a La Terrasse en Bamako fue la venganza por la muerte a manos de operativos de Serval de Ahmed al-Telmissi, alto cargo de MUYAO y brazo armado de los tráficos ilegales y la industria del secuestro de AQMI. Aunque los principales líderes yihadistas eran argelinos (como era caso de Mokhtar), y, por tanto, extranjeros en la zona en la que se asentaban, en años posteriores se evidenció una tendencia que ha ido afianzándose que es la incorporación a las filas yihadistas de la población autóctona, hasta llegar alguno a ejercer el liderazgo (Mesa, 2022). Un primer ejemplo de ello fue la aparición de MUYAO, que fuera la primera escisión de AQMI en 2011, año en que se dio a conocer con el secuestro en el campo de refugiados de Tinduf, en Argelia, de tres cooperantes europeos, entre ellos, dos españoles. Desde ese momento, MUYAO (que luego se dividió en otras agrupaciones con una raíz aún más local) reivindicó la expansión de la yihad armada por todo el África occidental.

Tras el éxito inicial de la rebelión tuareg en el norte de Mali en 2012, las organizaciones yihadistas no dudaron en sumarse a los combates contra el Estado maliense con el objetivo de crear también un Estado propio. Su gran poder armamentístico, distribuido en las diferentes brigadas repartidas geográficamente por la zona, les otorgó un peso importante en conseguir la expulsión del ejército maliense del norte de Mali, que pasó a tener una representación meramente simbólica. La incapacidad de los cuerpos y fuerzas de seguridad de proteger el territorio de las insurgencias armadas desembocó en una nueva crisis en 2012, cuando cayeron en manos rebeldes Tombuctú, Gao o Kidal. En un momento de doble insurgencia, yihadista y secesionista, un antiguo rebelde de la región de Azawad, Iyad Ag Ghali, que había apoyado las filas secesionistas para hacerse con el poder en Kidal (bastión de la familia Intallah, tuareg Ifoghas), se desvinculó de la insurrección secesionista y creó otra organización de corte yihadista llamada Ansar Dine. Pasó así a sumarse a la constelación yihadista, confirmando la evolución al alza del yihadismo en la zona, desde una naturaleza foránea hacia una clave más local.

Durante los meses en los que insurgentes controlaron las regiones del norte y el centro de Mali y sus principales ciudades, se fue poniendo de relieve la razón por la que los grupos yihadistas tienen tanto éxito en el reclutamiento y cuentan con cierta simpatía en esa parte del país, a pesar de la intervención de las fuerzas internacionales desde 2013. Diez años después de la aparición de este fárrago de grupos armados secesionistas y yihadistas, el escenario de la violencia ha quedado dividido en grupos armados (GA) y los grupos armados terroristas (GAT). En los GA se concentran los secesionistas formados por las élites árabes, tuareg, peul y songhai. En los GAT el panorama es más complejo, pues en su seno están enfrentados el GSIM, compuesto por antiguos miembros de los comandos de Mokhtar Belmokhtar, miembros de la *katiba* peul del Frente de Liberación de Macina (FLM) y grupúsculos pertenecientes al EIGS, y ambos se asientan en la frontera maliense con Níger, de población mayoritariamente peul. Los peuls se encuentran en el centro del huracán político desde la aparición del FLM y desde que el EI emergió con una extraordinaria fuerza en Tillabery, al oeste de Níger, una zona muy afectada por la crisis climática. Los pueblos de esta región subsisten gracias a la ganadería, que representa un papel fundamental en la economía de Níger y se desangra debido a las constantes luchas armadas por el control del agua y de la tierra. El informe de UNOWAS de 2018 resume las principales dificultades a las que se enfrenta el sector ganadero, víctima del bloqueo de las rutas de trashumancia debido a la escasez de los recursos y a la pugna con la agricultura. Al conflicto entre los agricultores y ganaderos, se suman los robos a manos de los diferentes grupos armados y los desplazamientos forzosos a causa de la violencia, sobre todo en las zonas transfronterizas[3]. A modo de ejemplo, en la ruta que conecta la región de Tillabery con la región de Menaka en Mali, se han sucedido los combates

3 Leer: Pastoralism and Security in West Africa and the Sahel - UNOWAS (UNOWAS).

entre la comunidad peul y la comunidad tuareg Daoussahak en lucha por el control de una zona altamente estratégica: es rica en agua y tierras propicias para el pastoreo, la agricultura y la pesca. Los enfrentamientos por el control de estos recursos naturales entre los peuls, de tradición nómada, y los tuaregs, de condición sedentaria, han dejado a la vista la aspiración peul de fundar un estado ganadero. Este proyecto de un nuevo estado ha seducido a centenares de peuls que han recurrido a las armas, tal y como sucedió en Azawad con la población tuareg y árabe.

La composición de las filas de los grupos violentos secesionistas, yihadistas o etnonacionalistas permite ver el trasfondo de los equilibrios de poder de los grupos armados. La principal diferencia entre la comunidad peul y la comunidad tuareg, por ejemplo, es el número de efectivos con que cuentan. La sociedad peul representa el 13 % de la población total de Mali y esa fue la fuerza que impulsó a Omar el Saharaui, líder peul abatido por el ejército francés, a desvincularse de AQMI y crear su propio movimiento, el EIGS.

El reclutamiento de peuls por parte del mal llamado Estado Islámico se multiplica a lo largo del Sahel y de toda África occidental. En su estrategia de captación, prima el miedo para conseguir la rendición de los recursos y obtener beneficios, empleando la imposición de la *zakat* (la donación islámica) o simples robos. Es muy frecuente ver a grupos de jóvenes en motocicletas, llegando a las aldeas y obligando a los jefes tradicionales a entregar sus cabezas de ganado si no quieren terminar como los animales, degollados. Los robos, los *impuestos* y los saqueos perpetrados por las bandas armadas han obligado a muchos ganaderos a abandonar su modo de vida y trasladarse a otros sectores productivos o buscar una salida en la migración.

El cambio climático ayuda poco al sector ganadero, pues hace cada vez más difícil la actividad tradicional y empuja a los jóvenes a la violencia. Lo hacen por pura supervivencia. La ecuación es dramática: la sequía, unida a la disminución del forraje, diezma a los animales y los ganaderos se ven obligados a vender el ganado restante y pasan a engrosar las filas de los diferentes grupos armados. Esto supone un nuevo elemento a tener en cuenta, pues se redistribuye el orden de importancia de las causas de vulnerabilidad de la población.

La participación de la comunidad peul en los grupos violentos es también un elemento clave de la securitización y la continuidad de los operadores internacionales que saltan de un país a otro siguiendo la estela transnacional de la violencia yihadista. Del norte y centro de Mali ha pasado a Níger, donde el EIGS ha puesto el foco sobre los fulani wodaabe (los peuls), también conocidos como mbororo, bororo o pullo. Estos nombres se refieren a la comunidad fulani (peul), tradicionalmente nómada y considerada «ignorante del islam». Por esta razón, la palabra mbororo es utilizada generalmente como término despectivo contra los wodaabe por otros grupos fulani. En castellano podría entenderse como «aquellos que viven en campamentos ganaderos».

Los mbororo son tradicionalmente pastores nómadas y comerciantes cuyas migraciones los llevan hasta el sur de Níger, el norte de Nigeria, el noreste de Camerún, el suroeste de Chad y regiones occidentales de la República Centroafricana. En los últimos años, también han emigrado a la República Democrática del Congo, más concretamente a las regiones de Bas-Uele y Haut-Uele, fronterizas con la República Centroafricana y Sudán. Peligrosos son los que acrecientan las filas de la violencia del lado de Níger e igual de violentos los que lo hacen en Burkina Faso, donde otra organización, Ansaroul Islam, se ha vuelto muy activa desde diciembre de 2016, cuando cometieron en Nassoumbou uno de sus primeros ataques sanguinarios[4]. Este grupo, encabezado por el predicador peul Jafar Dicko, es autor de varios ataques contra los cuerpos y fuerzas de seguridad y contra la población, compuesta mayoritariamente por los peuls

4 Leer: https://www.hrw.org/fr/news/2024/09/18/burkina-faso-des-groupes-armes -islamistes-terrorisent-les-civils

Jegoobe y radicada en Mondoro, una provincia situada en la parte norte de Burkina Faso, en una región que pertenece al histórico Imperio de Macina.

Esta organización representa el riesgo real de contagio del yihadismo terrorista en zonas expuestas a indicadores socioeconómicos muy precarios en los que los caldos de cultivo de la violencia son muy visibles y la posibilidad de que puedan llegar a países más pequeños de África como Benín, Ghana o Costa de Marfil. La deriva violenta de la región obliga a intervenir en la zona a otros países del África subsahariana, por lo que se puede prever una prolongación del esquema securitario occidental, que pasa por intervenir para intentar frenar avances de los grupos insurgentes, acometer la reconstrucción de los ejércitos y otros cuerpos y fuerzas de seguridad, y todo ello dependiendo de las decisiones geopolíticas que vayan tomando cada uno de estos países.

No todos los territorios tienen la misma influencia en términos geopolíticos o geoestratégicos. África, con su vasta extensión y diversidad, se ha convertido en un enclave fundamental en la geopolítica mundial por su crecimiento demográfico y su abundancia de recursos naturales, realidades ambas que dan lugar también a agudos contrastes que se reflejan en dificultades profundas. Una exploración de datos de población es crucial para entender mejores desafíos de presente y de futuro para el continente en su conjunto y sobre todo todas las miradas occidentales puestas en África.

En 1950 eran 319 millones los africanos, en 1985 habían ascendido a 550 y en 2020 son 1200 millones, estando previsto que en 2050 sean más de 2000 millones. África tiene una característica de crucial importancia desde una aproximación geopolítica: de los 30 millones de kilómetros cuadrados de extensión de África, 10 millones —es decir, el 34 % de su territorio— está fuera del control de los Estados, afianzando aún la idea de que sigue siendo África tierra de oportunidades. En cuanto a lo comprobado e inventariado, el continente tiene el 30 % de las reservas minerales mundiales, incluyendo el 97 % de las de cromo, el 80 % del coltán, el 50 % del cobalto, el 57,5 % del oro, el 20 % del hierro y del cobre, el 23 % del uranio y de los fosfatos, el 32,2 % del manganeso, el 41 % del vanadio, el 49 % del platino, el 66 % de los diamantes, el 17,5 % de la bauxita y del zinc y el 14 % del petróleo.

Desde la costa atlántica en Senegal, pasando por Mauritania, Argelia, Burkina Faso, Níger, Chad y Sudán, hasta África central en países como Nigeria, y África Austral en países como Sudáfrica y Angola, los abundantes recursos naturales han provocado un enorme sufrimiento a lo largo de una extensa historia de inestabilidad política. Esta inestabilidad abarca desde los largos periodos de los imperios (siglos VII-XIX) hasta los periodos coloniales y poscoloniales (siglos XX y XXI), marcados por la llegada de las rebeliones armadas y, sobre todo, por la mala gobernanza causada principalmente por la corrupción.

Desde el periodo colonial, los países de esta región se han enfrentado al reto de la construcción del Estado nación y no han resuelto su gran diversidad étnica, provocando la aparición de nuevos nacionalismos y, con ello, más dinámicas de conflicto. Al ser África un espacio histórico del comercio transahariano, su cohesión ha estado siempre relacionada con la dominación territorial y con los diferentes actores que, en las sucesivas épocas, luchaban por controlar las principales rutas de comercio de sal, oro, esclavos, textiles y otros muchos productos por la región. Los grandes imperios precoloniales fueron poderosos y lograron unir geográficamente el Oriente Medio con el norte de África. Cuatro grandes imperios marcaron las rutas comerciales entre el norte y el oeste de África a partir de la segunda mitad del siglo VIII hasta la época colonial: el Imperio de Ghana, el Imperio de Mali, el Imperio songhai y el Imperio Kanem-Bornu.

A lo largo de los siglos, fueron fijándose patrones de movilidad particulares en el territorio de cada uno de estos imperios, pero también alrededor de sus fluidas fronteras. Los pueblos africanos tejieron redes comerciales que unían las principales zonas productoras de sal y textiles con los mercados de la región. También se sumaron a las actividades rentistas la agricultura y la ganadería, que se desarrollaron en zonas propicias para el pastoreo y el cultivo. Los tres sistemas de producción, pesca, agricultura y ganadería, se entrecruzaban según la estación en los diferentes países. La tradición señala a los fulani, ganaderos seminómadas y comerciantes, como la etnia tradicionalmente más beneficiada de este régimen de cosas, mientras que otras etnias, como los bambaras o los dogons, que han practicado especialmente la agricultura, el pastoreo y la pesca trashumante, lo han sido menos. El reparto de las actividades económicas ha suscitado conflictos entre las diferentes etnias, e históricamente ha habido tensiones importantes entre los fulanis y los bambaras y entre los fulanis y los dogons por razones de acceso al agua y a las tierras de pastoreo. El efecto combinado del calentamiento global, el crecimiento demográfico y el desarrollo de la agricultura intensiva en detrimento de la ganadería seminómada han agravado los conflictos intercomunitarios. Sin embargo, más allá de estas actividades tradicionales, la explotación de recursos naturales como el oro ha tenido un impacto aún más profundo en la región.

Los minerales

La inversión extranjera ha convertido a Mali, por ejemplo, en el tercer productor de oro del continente africano y las concesiones a empresas del exterior representan, al mismo tiempo, el 95 % de la producción minera de todo el país. «Las máquinas trabajan noche y día y las previsiones otorgan otro medio siglo de explotación, como mínimo», según explicó un empleado de nacionalidad maliense, cuya información coincide con el dato proporcionado por el Ministerio de Minas, que, en 2018, aseguró que la producción industrial de oro se había incrementado un 23 %. Por su parte, el antiguo ministro de Minas y Petróleo, Tiémoko Sangaré, destacó que el sector minero es el buque insignia de la economía maliense, ya que genera unos beneficios de una media de 250.000-300.000 millones de euros al año y representa el 7 % del PIB, el 75 % del valor de las exportaciones y el 25 % del presupuesto nacional (Le nouvel Economiste, 2018).

La empresa Rangold Resources, de nacionalidad británica, es una enorme empresa minera que explota las minas de Loulou y Grounkoto en el oeste del país, cerca de la frontera con Senegal. En alianza con, de nuevo, Anglogold Ashanti Ltd., Rangold explota la mina de Morila a 280 kilómetros al sureste de Bamako. Hummingbird Resources Inc., también británica, conduce el proyecto de exploración geológica de Yanfolila en la región de Sikasso, al suroeste del país; Alecto Minerals, que explota la mina de Kossanto. Ambas han firmado acuerdos y se han asociado con otras compañías para seguir operando en el país y explorar nuevos yacimientos en el futuro. El oro es una inversión afortunada en Mali, país del que las compañías extranjeras preferirían no salir, salvo que fueran expulsadas, como le ha sucedido a Francia. Níger expulsó también al país galo tras el golpe militar de Abdourahamane Tchiani, echando por tierra la explotación que venía haciendo del uranio nigerino desde los años 70.

Trabajos en la mina Yatela, en Mali.

Níger, primer productor africano de uranio, séptimo mundial y el cuarto en volumen de reservas, obtiene el 70 % de sus ingresos por exportaciones de la venta de este recurso, que ha atraído a geólogos franceses, chinos, canadienses y australianos. Sin embargo, esta actividad económica no ha estado exenta de conflictos. Entre 1990 y 1995, y nuevamente entre 2007 y 2008, Níger fue escenario de revueltas de los tuaregs, quienes exigían tanto autogobierno como una participación justa en los beneficios generados por la extracción y venta de uranio. Estas revueltas, junto con el activismo terrorista y el bandidismo, se han solapado en el escenario nigerino, al igual que en Mali. El interés geopolítico en Níger radica en los miles de hectáreas dedicadas a la extracción de uranio, concentradas en la región de Agadez, a 800 km de la capital nigerina. En esta región se encuentra una de las canteras más antiguas, Arlit, junto con otras más recientes, como la mina de Akouta, considerada una de las más grandes del mundo con 291 km de galerías.

Mina de Yanfolia, en la frontera sur con Guinea.

Estos oasis mineros han nutrido a las centrales nucleares francesas que, en un contexto de incremento del precio de los combustibles, supusieron la solución para Francia. Es decir, África se ha convertido en un recurso energético vital para satisfacer las necesidades del país galo y otros países europeos, especialmente en tiempos de crisis. Desde las décadas de los 70 y 80, cuando las crisis del petróleo sacudieron a la economía mundial, los países europeos comenzaron a buscar alternativas para reducir su dependencia del crudo. En este contexto, los ricos yacimientos mineros de países como Níger jugaron un papel crucial. A través de la compañía estatal Orano (anteriormente conocida como Areva), Francia ha mantenido una presencia significativa en Níger que se inició a mediados del siglo XX. Explotó durante décadas la mina de Imouraren, una de las mayores del mundo, pero las desavenencias con el nuevo poder militar le arrancaron el permiso de explotación en 2023. Francia siempre estuvo presente en aquel país del África occidental, de una manera u otra, mediante la Agencia Francesa de Desarrollo (AFD) o desplegando cientos de efectivos en el marco de la operación Barkhane, también suspendida en una retirada paulatina de Occidente. Durante estas décadas sólo importó el recurso energético sin prestar atención a los niveles de democracia, al respeto de las libertades, la lucha contra la corrupción, la mala gobernanza o la implantación de un estado de bienestar por parte de los distintos gobiernos. Sin embargo, todas estas cuestiones se encuentran en la raíz de los problemas de violencia e inseguridad que han ido apareciendo durante las dos últimas décadas en un país cuya frontera ha caído en manos de terroristas. No solo los minerales, como el oro, también los hidrocarburos como el petróleo centran la agenda económica de Occidente. En el norte de Mali, en la cuenca de Taoudeni, que se extiende de Mauritania hasta Argelia, se ocultan enormes bolsas de petróleo y aún no está claro qué país occidental logrará la licencia de explotación.

Las reservas de petróleo

Nigeria, Angola, Guinea Ecuatorial y Sudán son algunos de los países africanos con importantes reservas petrolíferas. Chad, aunque menos conocido, también los alberga y su hallazgo fue clave por su ubicación estratégica en el centro de África. El haber sido ruta central del comercio transahariano lo ha convertido en un punto de interés para varias potencias globales. Estados Unidos y Francia han rivalizado durante décadas y ahora se suma China y otras potencias regionales como Turquía. El petróleo explica las tensiones geopolíticas que se acrecentaron tras el repentino fallecimiento del presidente de Chad, Idriss Déby, en 2021. Déby murió en combate contra los rebeldes del Norte (FACT), apenas unas horas después de su reelección como presidente de la República. Su muerte *accidental* y la rápida sucesión, liderada por su hijo adoptivo, miembro de una etnia diferente a la del difunto presidente, suscitaron muchas interrogantes. Se ha especulado sobre un posible golpe de Estado, acusando al general Mahamat Idriss Déby, su propio hijo adoptivo, de haberlo orquestado y poder ser nombrado presidente interino.

Durante el mandato de Deby, se adjudicaron siete nuevos yacimientos en la cuenca del Bongor a la China National Petroleum Corporation International Chad (CNPCIC), que opera en la región desde 2009. En la región de Logone Occidental, Opic Africa ha completado la construcción de su plataforma petrolera y está construyendo un oleoducto de 82 km para conectarla con el centro de Kome. Desde allí, el crudo chadiano se transporta a la terminal petrolera de Kribi, en Camerún. Esta infraestructura y la creciente presencia de socios extranjeros en la gestión del petróleo chadiano no han dejado de intensificar las rivalidades geopolíticas regionales, en especial entre las empresas francesas y las americanas en su carrera por adherirse licitaciones de prospecciones. Estados Unidos ha sido el país que más se benefició a partir de los años 60 llevando a cabo sondeos a través de los consorcios Exxon Mobil, Chevron y Petronas, que han terminado siendo nacionalizados en 2023. El gobierno chadiano ha tomado el control de sus bienes y los derechos de explotación y producción de hidrocarburos. Paradójicamente, a pesar de las enormes riquezas generadas por estos recursos, Chad sigue siendo uno de los países más pobres del mundo, una situación que se repite en gran parte del continente africano. Poco ayudó la aprobación de la Ley del Petróleo, que estableció mecanismos de gestión de los ingresos procedentes de la explotación de los recursos petrolíferos para reducir los niveles de pobreza. La erradicación de la pobreza no ha sido una prioridad y en su lugar el presidente Idriss Déby se dedicó a comprar armas en secreto y a combatir la rebelión que encabezó su antiguo ministro de Justicia Youssouf Togoïmi.

LA SITUACIÓN EN SUDÁN Y SUDÁN DEL SUR, LA MALDICIÓN

Un ejemplo de cómo la riqueza en recursos naturales puede ser una maldición fatal se halla en Sudán y Sudán del Sur. La lucha por el control de los yacimientos petrolíferos ha llevado a guerras civiles y a la intervención de potencias extranjeras como China. La inestabilidad y la violencia continúan, impidiendo el desarrollo y la estabilidad. La partición de Sudán no ha traído paz, sino más desplazados y refugiados, y la intervención internacional no ha logrado estabilizar la región. La partición de Sudán se entendió como una solución para un país de mayoría musulmana en el norte y mayoría cristiana en el sur, pero, lamentablemente, no ha tenido como consecuencia nuevos periodos de paz. Ni siquiera con la presencia de la Misión de Asistencia de las Naciones Unidas en la República de Sudán del Sur (UNMISS) que, al igual que la MINUSMA en Mali, no ha hecho sino provocar el incremento de la inseguridad.

Tras la partición de Sudán en dos (Sudán y Sudán del Sur) surgió el estado más joven del mundo, Sudán del Sur, que nació con la declaración de la independencia el 9 de julio de 2011. Fue también el que menos tardó en evolucionar hacia un estado frágil que en ocasiones parece alcanzar la categoría aún más preocupante de estado fallido. Desgarrado por el tribalismo y la violencia interétnica, entraba en una guerra civil en diciembre de 2013 que en año y medio había provocado, en el verano de 2015 se hacía este balance, más de 50.000 muertos y 1,5 millones de desplazados internos (el 15 % de la población) y 730.000 refugiados en cuatro países limítrofes: Etiopía, Kenia, Sudán y Uganda. Las riquezas de su territorio —Sudán del Sur es el tercer país africano con mayores reservas de petróleo— son responsables de tanta violencia. Los enfrentamientos en Sudán del Sur empezaron por desavenencias entre el presidente, Salva Kiir, y el vicepresidente, Riek Machar, a raíz de sus discrepancias sobre cómo repartir la renta petrolera entre las dos principales etnias del país, los dinkas, dominantes en el bando gubernamental, y los nuers, que conforman la mayor parte del bando rebelde. El país tiene más de diez millones de habitantes, un 60 % de ellos cristianos, de los que cuatro millones son dinkas y dos millones son nuers. Los otros cuatro millones pertenecen a medio centenar de tribus distintas.

En diciembre de 2013, Kiir, que es dinka, acusó a Machar, un nuer, de tramar un complot para derrocarlo y lo destituyó, lo que desató poco después el colapso de la coalición multitribal en el poder y una oleada de violencia, especialmente en las regiones donde se encuentran los mayores yacimientos de petróleo y que ambos bandos, ahora situados en márgenes opuestas del Nilo, quieren controlar en exclusiva. Algunas de las ciudades en disputa, como Malakal, llegaron a cambiar de manos hasta en ocho ocasiones. En mayo de 2015, Machar exigió a Kiir que abandonara el poder tras haber agotado su mandato de cuatro años, provocando que el Gobierno aplazara hasta 2018 los nuevos comicios. En abril de 2016, Machar recuperó el cargo y pareció que se iniciaba un proceso de reconciliación. Juba quedó como una zona desmilitarizada, pero en la región del noreste la violencia interétnica siguió siendo endémica.

Los estados septentrionales del Alto Nilo y Unidad se convirtieron en los principales campos de batalla. En las capitales de Unidad, Bentiu, y Alto Nilo, Malakal, la Misión de la ONU en Sudán del Sur (UNMISS), que tenía entonces 12.000 efectivos procedentes de diez países, instaló dos de los seis campos para desplazados y refugiados producidos. La inmensa mayoría de los refugiados en países limítrofes pertenecían a la etnia nuer. Su mandato se reducía a la protección de los civiles, pero aún en 2016 era incapaz de impedir los enfrentamientos interétnicos en el noreste: el asalto por milicianos dinkas a una de sus bases en Malakal en febrero de 2016 provocó la masacre de decenas de refugiados nuers ante la pasividad de los efectivos de la Misión, cuyas bases servían de refugio a 160.000 civiles.

La impunidad con la que operaban las milicias imposibilitaba aplicar las cláusulas del armisticio que preveían la desmilitarización, la integración de los milicianos en las fuerzas armadas y la formación de un gobierno de transición. Kiir había creado 28 cantones étnicos con gobernadores nombrados por el gobierno central, lo que había exacerbado las tensiones. Para empeorar las cosas, la desaparición de 1000 millones de dólares de reservas del Banco Central y una caída del 50 % de la producción de crudo —la principal riqueza del país, que posee las terceras reservas de África— hundían la economía, depreciando en un 90 % el valor de su moneda y disparando la inflación hasta el 300 %. En el Consejo de Seguridad de la ONU, Rusia y China se oponían al embargo de armas propuesto por el secretario general Ban Ki-moon.

Lo más chocante es que durante la larga guerra de liberación Salva Kiir y Riek Machar habían sido aliados, pero una vez lograda la independencia entraron en conflicto y en el marco de dicho enfrentamiento las autoridades de Jartum apoyaban en 2015 a los rebeldes, mientras que Uganda apoyaba al bando oficialista de Kiir. Finalmente, los dos bandos lograron firmar la paz, fue una breve tregua en Addis Abeba, la capital de Etiopía, pero enseguida se volvió a los combates.

Cinco años después de la independencia, en 2016, Sudán del Sur vivía sumido en el caos y al borde de la desintegración por la fatal conjunción del tribalismo y la crisis económica derivada de la caída de los precios del petróleo. En julio de ese año se contabilizaban decenas de miles de muertos, dos millones de desplazados y un millón de refugiados en cuatro países vecinos. El Programa Mundial de Alimentos de Naciones Unidas (PMA) consideraba entonces que 4,5 millones de personas corrían peligro de hambruna y más de la tercera parte de los 12 millones de sursudaneses dependían de las ayudas humanitarias internacionales. La inestabilidad en Sudán del Sur parece haberse incrementado aún más que durante la guerra de independencia, hasta el punto de que Uganda y China han tenido que intervenir militarmente. Esta intervención militar, desplegada en 2014, no tenía como objetivo prioritario la protección de la población civil, su fin último era proteger las instalaciones petrolíferas a cuyas orilla tuvieron lugar cruentos combates entre tropas del norte y el sur con una consecuencia demoledora: la paralización temporal de la producción de petróleo. Los problemas que provocó la pausa a la producción derivados de la pérdida de ingresos causaron una crisis sin precedentes en las filas del ejército sursudanés; el gobierno no podía pagar a sus tropas y se temieron deserciones masivas y el estallido de sublevaciones entre los militares, nuevas olas de violencia que terminarían por afectar al mercado mundial del crudo. Por ello, China se acogió a la Resolución 2155 del Consejo de Seguridad que pedía la protección de las zonas de alto riesgo para desplegar fuerzas de mantenimiento de la paz, teniendo en cuenta que el gigante asiático es uno de los principales inversores en el sector petrolero del país. Este hecho explica que el Sahel oriental (Sudán) no sea una prioridad para la alianza europea en la región porque, si pretendiera intervenir, debería enfrentarse a otros poderes hegemónicos, en este caso, China, que ya ha ocupado una poderosa silla.

La situación ha seguido deteriorándose en el sur de Sudán, pero también en el norte, en donde los niveles de hambre no tienen precedentes y tampoco la violencia sexual. Se estima que el 65 % de las mujeres han sido víctimas de algún tipo de agresión. Los enfrentamientos entre el ejército sudanés y las Fuerzas de Apoyo Rápido (RSF) continúan, con acusaciones de violaciones de derechos humanos que podrían equivaler a crímenes de guerra. Este conflicto desgarrador saltó tres años después de ser derrocado el presidente de Sudán, Omar al-Bashir (gobernando entre 1989-2019), quien permaneció en la silla presidencial durante treinta años y, parecido a otros presidentes longevos africanos, gobernó con mano dura. Durante su mandato fue acusado de cometer crímenes de guerra, crímenes contra la humanidad y genocidio en la región de Darfur, llegando incluso la Corte Penal Internacional a emitir una orden de arresto en 2009. A pesar de esta orden, al-Bashir logró mantenerse en el poder durante años, en parte debido a su control sobre las fuerzas armadas y su habilidad para reprimir la oposición. En 2019, la población se movilizó copiando el modelo del norte de África y sus movilizaciones populares en 2011 para exigir la retirada del poder de al-Bashir. La clave del éxito de estas movilizaciones residió en el Ejército, que se posicionó del lado de los ciudadanos y provocó su destitución. Sin embargo, el conflicto continuó más tarde, pero esta vez en las filas militares. En 2023, estallaron los enfrentamientos entre el ejército sudanés, liderado por el general Abdel Fattah al-Burhan, y las Fuerzas de Apoyo Rápido (RSF), lideradas por el general Mohamed Hamdan Dagalo, conocido como Hemetti. Las tensiones entre ambos grupos se habían estado gestando durante años, exacerbadas por desacuerdos sobre la integración de las RSF en las fuerzas armadas regulares y la dirección del país hacia un gobierno civil.

El conflicto ha derivado en una grave crisis humanitaria, con miles de muertos y millones de desplazados. Las luchas se han concentrado principalmente en la capital, Jartum, y en la región de Darfur, donde las RSF tienen una fuerte presencia. La peligrosa espiral de violencia en Sudán, norte y sur, se ha traducido en décadas de guerras civiles y cuya causa principal radica en la lucha por el control de los yacimientos petrolíferos. Pero estos yacimientos petrolíferos necesitan una salida al mercado internacional y esa salida está en el oleoducto de Port Said, situado en el norte del país. Por este motivo, la independencia del sur no es total como sí sucede en el norte, lo que significa que ambos países se necesitan mutuamente para asegurarse un correcto desarrollo de la explotación de sus hidrocarburos. Tanto el norte como el sur no terminan de alejarse de la lógica de la guerra y de la violencia, que parecen ser las únicas vías posibles para iniciar un proceso de diálogo político. La población civil es insignificante, sólo resisten las élites, tanto militares como civiles, y los actores internacionales que juegan en un tablero geopolítico en el que los hidrocarburos y los minerales son lo único que importa (Sudán también es el primer productor mundial de goma arábiga).

El sector armamentístico tiene un gran peso en la economía sudanesa. Su desarrollo depende de actores extranjeros capaces de suministrar no sólo armamento y patentes, sino también capital financiero. A pesar de poseer una industria armamentística desarrollada con patentes chinas y de las antiguas repúblicas soviéticas, el Estado sudanés sigue viéndose obligado a importar gran cantidad de suministros militares. Una vez más, la delineación de una buena política exterior resulta imprescindible para lograr la supervivencia de un régimen que ve continuamente amenazadas sus fronteras y su territorio por las élites militares y cuyos apoyos exteriores se dividen entre Rusia, China, Emiratos Árabes, Qatar y Arabia Saudí.

LOS PAÍSES EN LOS QUE INTERVIENE OCCIDENTE

La importancia de África no solo radica en sus inmensos territorios que despertaban la avidez de potencias extranjeras, sino particularmente por las inmensas riquezas que estamos describiendo y que alberga desde la época antigua. De no haber sido tan importante, no hubiera pasado por fases tan salvajes de depredación, que han incluido esclavos durante siglos y minerales y otros recursos naturales antes y después. La depredación ha tenido además un doble efecto porque, por un lado, generó resistencias locales y, por otra parte, provocó tensiones entre los depredadores porque cada uno de ellos buscaba su nicho de explotación. La pugna ha sido permanente y ello lo ha ilustrado muy claramente la Conferencia de Berlín (1884-1885) y el reparto del mapa de África entre los portugueses, los españoles, los franceses, británicos, belgas e italianos, pero esa pugna se mantiene en la actualidad con los nuevos actores que estamos analizando en esta obra, así como China o Rusia. Todos han querido asentarse en suelo africano, fijar territorios y garantizar recursos. Todos vivieron la Revolución Industrial, exploraron, descubrieron, abrieron mercados y evangelizaron; en definitiva, pugnaron por tierras que desvertebraron sin piedad. En estas tierras siempre hubo poblaciones caracterizadas por una exquisita herencia oral. No se explica cómo la colonización y los años de presencia occidental en el continente no han servido para entender la importancia del patrimonio oral, la diversidad étnica, cultural y lingüística. En los países del África occidental y Sahel existen, por ejemplo, grupos de población de piel blanca, como los saharauis, los árabes, los tuaregs o los toubous; también están presentes numerosos pueblos negroides, y, por último, los harratines. Si arrancamos en Mauritania, un país de cultura beduina, donde el conflicto racial, aun habiéndose mitigado, continúa latente entre los mauritanos «moros» y los mauritanos «negros» (como los harratines, los sirvientes negros descendientes de los esclavos sometidos a los beïdaines, en su gran mayoría blancos). La idiosincrasia mauritana también cuenta con otras comunidades negras como los peuls y wolof mauritanos (que sufren un racismo estructural por parte de un poder de dominación árabe). Al este de Mauritania se encuentra la frontera con Mali, que está dividido entre un norte de tribus blancas (árabe y tuareg) minoritarias pero hegemónicas.

Hacia el centro y el sur del país predominan las etnias negras del grupo de las tribus mandingas (los bambaras, los soninkes, los malinkes y los bozos), de las pulars (los peuls y los toucouleurs), las voltaicas (los bobos, los sénoufos y los miniankas) y los songhais. Los negros mandigas son mayoritarios en la zona conocida como el «Mali útil», en donde la actividad económica más importante es la agricultura. En la parte central del país predomina la etnia peul y más hacia al sur, ya muy cerca de Burkina Faso, son predominantes los dogons. Así las cosas, en la parte norte del Sahel, fronteriza con las estribaciones del norte de África, las tribus blancas, aún minoritarias, luchan, desde la época precolonial, por el control territorial de Azawad. Su lucha es político-económica pero también racial. Esto explica la sucesión de revueltas que han protagonizado los tuaregs y los árabes de Azawad enfrentándose al poder central de Mali (de mayoría étnica negra). Aunque los diferentes regímenes han trabajado por solventar el problema racial concediendo a las élites árabes y tuaregs puestos de responsabilidad en el gobierno central del país, en la región de Azawad no han cesado los conflictos intercomunitarios porque no sólo está en juego el poder blanco o negro, sino porque se corre el riesgo de perder el control sobre la agenda económica. Al este de Mali se encuentra Níger, en donde una población tripolar dota al país de una gran riqueza cultural y lingüística. Por un lado, los djerma-songhais, que suponen alrededor de un 22 % de la población; en el centro y este del país encontramos a los haoussas, que representan el 56 %, y en el norte los tuaregs, que son alrededor de un 10 % de la población total del país. Curiosamente, teniendo en cuenta la distribución de la población, el tejido económico de Níger está principalmente en manos de los árabes, que, siendo una minoría de la población, ostentan la mayor parte del poder económico. Es fácil encontrar a un árabe en el mundo de los negocios, de las telecomunicaciones, en las empresas de logística y transporte.

Cuando llegaron los occidentales, había poblaciones con un fuerte patrimonio oral que serían la correa transmisora de denuncia de la trata negrera atlántica. Esta trata, que comenzó en el siglo xv, tuvo efectos demográficos devastadores, interrumpiendo el crecimiento de la población en África occidental durante dos siglos. Occidente cambió las formas de organización social y política de los países africanos e impuso sus lenguas con ferocidad, impidiendo la perdurabilidad de las lenguas locales, pero no lo consiguió del todo. De ello se encargó la tradición oral, definida como un testimonio transmitido verbalmente de una generación a otra. En muchas culturas africanas, el verbo posee un poder especial y misterioso, ya que las palabras crean realidades. Esta aptitud prevalece en la mayoría de las civilizaciones africanas, como los dogons (una tribu del África occidental), con sus rituales y constantes. La oralidad implica una actitud frente a la realidad, no una carencia. La tradición se crea a partir de la repetición. Numerosos sabios africanos, como Amadou Hampâté Bâ y Boubou Hama, han expresado este razonamiento de manera elocuente. Hampâté Bâ, nacido en 1900 o 1901 en Bandiagara, Mali, y fallecido en 1991 en Costa de Marfil, fue un escritor y etnólogo maliense defensor de la tradición oral. Miembro del Consejo Ejecutivo de la UNESCO de 1962 a 1970, lanzó su famoso llamado: «En África, cuando un viejo muere, es una biblioteca que se quema».

Cuando Occidente se retiró militarmente de estos países —los países que se analizan en esta obra lograron la independencia de sus antiguas metrópolis en la segunda mitad del siglo xx—, dejó un modelo político y económico que no le ha permitido liberarse de la dependencia del norte global. Los recursos naturales y las materias primas siguen fluyendo, convirtiendo todo el continente africano en El Dorado del capitalismo mundial. Sin embargo, ya lo decía el difunto y admirado profesor Mbuyi Kabunda Badi: «La incoherencia en África se produce entre la viabilidad de una economía floreciente y su incapacidad de competir en el mercado mundial al verse sometida a las duras leyes de la ideología neoliberal dominante» (Kabunda, 2006). ¿Cómo se explica, si no, que el algodón, una materia prima de la cual Mali es el principal exportador de todo el continente africano, viaje a otros países como China para luego regresar al país como producto final? Los tejidos africanos hechos de algodón y en los que van envueltos diariamente millones de sahelianos y sahelianas no se fabrican en Mali, de modo que un modelo de negocio que podría emplear la abundante mano de obra nacional se pierde a favor de países terceros. Porque la principal riqueza de todo el continente africano y, en concreto, del Sahel, es su capital humano, al que urge convertir en un recurso productivo. En otras palabras, el capital humano presente en estas tierras tan ricas en recursos necesita que de estos se deriven industrias, oficios… La población saheliana es cada vez más joven y, aun siendo de profunda tradición agrícola, el sector primario sufre la discriminación de las políticas públicas. Se está dejando languidecer el mundo rural y se está produciendo un éxodo masivo hacia las ciudades, con los conflictos que esto conlleva. La migración en masa a las metrópolis no siempre es positiva, pues puede acarrear consecuencias negativas a distintos niveles: carencia de infraestructuras, superpoblación, insuficiencia de empleo o de vivienda. La juventud africana se dirige a un futuro netamente urbano y es hoy cuando deben plantearse las alternativas a este modelo de sociedad y que los aleje de la violencia y de la migración económica. Porque cuando, durante los últimos treinta años, los ciudadanos africanos han migrado clandestinamente a Europa, lo han hecho por necesidad. Ninguna persona abandona su país en esas condiciones voluntariamente. Los ciudadanos africanos ven cómo, más de medio siglo después de los procesos de independencia, los recursos naturales y materias primas salen de sus fronteras hacia Francia, Estados Unidos, Canadá, Rusia o China en un proceso de recolonización económica que, al tiempo que expolia los recursos naturales, deja sin posibilidades a la mano de obra local.

El capital humano local podría ser el motor de la construcción de la paz y del desarrollo de las diferentes Áfricas. No olvidemos que un segmento de la población, la que está entre 15 y 35 años, constituye la principal fuente de mano de obra y los operadores económicos ven en su potencial una oportunidad. El principal reto que se plantea es cómo podrá absorber el mercado esta fuerza laboral que, además, y de acuerdo con las prospecciones demográficas, experimentará en los próximos años un crecimiento inusitado. Para ello es necesaria una verdadera reforma que permita superar los desequilibrios económicos y sociales. De lo contrario, el actual modelo económico chocará con los 380 millones de personas que se incorporarán al mercado de trabajo para el horizonte de 2030. Un dato sobre la exposición de estos países a un enorme crecimiento demográfico son los porcentajes de crecimiento de la población: en Mali es superior a un 2 % anual y, en Níger, a un 3 %. Este crecimiento demográfico natural se explica por las elevadísimas tasas de natalidad que en el caso de Níger son de 7,1 hijos por mujer. Lo más trágico es que, aunque los niños nacen a un ritmo vertiginoso, sus posibilidades de supervivencia son escasas. Las tasas de mortalidad infantil son muy elevadas; en 2021, en Mauritania morían 40,5 de cada mil niños menores de cinco años. En el caso de Chad, en el mismo año, murieron 107,1 de cada mil niños menores de cinco años.

Si las materias primas se quedaran en el país y se creara una industria en torno a ellas, probablemente las aspiraciones de los ciudadanos cambiarían, especialmente porque ahora deben enfrentarse a la disyuntiva de quedarse y aceptar la *necrosituación* o emigrar ilegalmente lejos de su hogar. A lo largo de este capítulo veremos cómo, aun tratándose de países ricos en recursos naturales, son países azotados por la pobreza. Los países en estudio forman un cinturón de más de 5400 km desde el Atlántico hasta el mar Rojo y su relevancia periodística y académica proviene del surgimiento de nuevas amenazas relacionadas con el terrorismo internacional. Pero en el pasado, estos países, hoy empobrecidos, fueron sociedades muy importantes por su patrimonio natural, por sus imperios del pasado, por sus caravanas comerciales, por su movilidad, por su diversidad religiosa, étnica, cultural y lingüística. Apenas se estudian en profundidad estas circunstancias, pues el énfasis se pone en la violencia y sus banderas entendida de forma abstracta, sin ahondar en el contexto histórico o sociológico de los grupos que toman las armas. El espectacular crecimiento de los grupos armados en la franja de costa que va de Senegal a Chad se extiende de forma preocupante hacia otros países del sur del Sahel (como Costa de Marfil, Benín o Camerún), también golpeados por los índices de pobreza más altos del mundo y muy diezmados por la sequía.

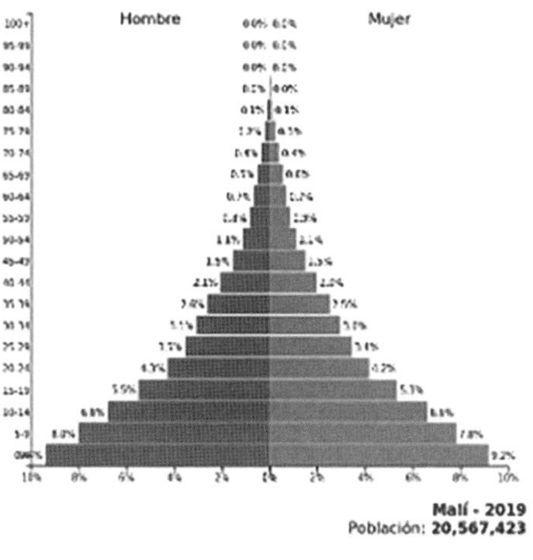

Pirámide de población de Mali en 2019.

El área de más de cinco mil kilómetros cuadrados que cubre la franja se caracteriza por sus áridas sabanas y abrumadoras estepas y se extiende desde la costa atlántica hasta el océano Índico. Comprende territorios de doce países como Mali, Mauritania, Senegal, Gambia, Burkina Faso, Níger, Nigeria, Chad, Sudán, Etiopía, Eritrea y Somalia. Las dinámicas de violencia en estos países son históricas porque han sido el cruce de las rutas internacionales dedicadas al comercio entre Oriente Medio, el norte de África y el área subsahariana. El control de las rutas y, posteriormente, de los recursos naturales y la riqueza minera es el origen de las históricas luchas fratricidas entre las tribus de estas tierras golpeadas por las dinámicas comerciales occidentales, representadas por el tráfico de esclavos (que se recuerda como uno de los episodios más tenebrosos de la historia de África) y el comercio del oro.

Según la perspectiva occidental, para controlar estos espacios se precisan numerosos efectivos de seguridad, por lo que se podría pensar que la debilidad de las estructuras militares de estos países, sumada al enorme tamaño de sus territorios, dificulta el control de la soberanía territorial y los colocan ante la imposibilidad de afrontar la aparición de grupos armados insurgentes. Sin embargo, con la perspectiva de estas dos últimas décadas de securitización en el Sahel, es posible observar que la vasta extensión territorial no ha influido en la capacidad de neutralización de los grupos armados, que, desde Mali, han ido creciendo en toda la franja del Sahel. Esto es así porque las estructuras armadas se mueven alrededor de las zonas urbanas y en zonas rurales solo están donde se encuentran las fuentes de agua. Estos elementos de la insurgencia viven en constante movimiento, ya que de haber encontrado un lugar para asentarse, ¿qué habría impedido a las fuerzas y cuerpos de seguridad tanto nacionales como internacionales localizarlos y abatirlos? Esta porosidad, entendida como un factor clave de la fragilización de los Estados, sí ha impactado en las élites político-militares y en la manera en la que actúa el crimen organizado. La delincuencia ha encontrado nuevas rutas de tránsito para la obtención de beneficios ilegales que han transformado las jerarquías sociales y políticas de estas sociedades de antiguos nómadas. Considerando este aspecto, es posible entender la orografía del Sahel como un riesgo más para la estabilidad de la región. De hecho, consideramos al crimen organizado como el causante de la aparición y el incremento de las conocidas zonas grises, lugares que actúan como refugio también para los grupos de oposición a los Estados sahelianos. Allí donde tienen lugar brotes de violencia aparecen nuevas rutas para el comercio legal e ilegal. Y frente a las voces que consideran que esas zonas grises son ingobernables, está la evidencia de cómo la economía criminal ha servido e influido en la reestructuración y adecuada organización del territorio. Porque la finalidad es conseguir el buen funcionamiento de un floreciente modelo económico que ha suplantado algunos sectores productivos como la agricultura, la ganadería o el turismo. Las ventajas económicas que ofrece dedicarse al transporte de drogas no son comparables con lo que es posible obtener en el sector primario. Aunque, de forma transversal, este hecho se ha ido haciendo patente, a pesar de que Occidente prioriza la lucha contra la amenaza yihadista, la importancia del narcotráfico. Este ha trastocado los equilibrios entre las viejas y las nuevas élites, el territorio, las actividades económicas tradicionales y la población. El fenómeno del narcotráfico lo alteró todo, convirtiendo al norte de Mali en una de las principales zonas de paso y en el que están implicadas las élites tribales y los cuerpos y fuerzas de seguridad del Estado. Los efectivos de seguridad terminaron estando mal equipados y, por tanto, resultaron muy poco eficaces, ya que el estado no solo abandonó el liderazgo de la estrategia militar al apostar por fuerzas milicianas en lugar de formar, entrenar e invertir en las fuerzas regulares, sino también porque el narcotráfico se volvió más relevante que construir un ejército o un cuerpo de policía sólidos. El estado de Mali cuenta con apenas 4000 militares y 7800 policías para controlar un territorio que duplica a España en tamaño y tiene una población de 22 millones de personas. Níger dispone de 5300 militares y 5400 policías para una población algo mayor que su vecina Mali. Mauritania está más militarizada, dispone de casi 16.000 efectivos militares y 5000 policías para un territorio similar en tamaño a Mali y con una densidad de población muy baja (ligeramente por encima de los cuatro millones de habitantes). En Chad, la situación es bien distinta: el número de efectivos alcanza los 25.000 militares porque en el país la carrera militar ha terminado por convertirse en el oficio nacional. La investigadora Marielle Debos, en su obra *Le metier des armes au Tchad*, analiza precisamente la especialización de una parte de la población masculina en el manejo de las armas y cómo esta especialización se ha convertido en una profesión. La población chadiana, antes de ir a la guerra, ya ha manejado un arma para la defensa de su casa, de sus cultivos o ganados o en defensa de las rutas del narcotráfico. Esta realidad es análoga en otros países del Sahel en los que no es necesario ser militar para disponer de un arma. Ninguno de los acuerdos de paz mencionados en el capítulo anterior ha servido para lograr la deposición de las armas, a pesar de los llamativos monumentos erigidos en honor a la paz (en Tombuctú) o los múltiples programas de desmovilización en los cuales organizaciones internacionales, como el Banco Mundial, han invertido mucho dinero. Los grupos armados que buscan debilitar a los estados centrales depositan su armamento sobre papel mojado, para hacer creíble un proceso de paz que, hasta el momento, solo se ha traducido en sucesivas treguas de larga o de corta duración. Examinemos el caso de Mali. Es el país del Sahel que más tiempo ha dedicado a la negociación política con los grupos insurgentes porque la vía estrictamente militar no ha sido eficaz a la hora de lograr una pacificación duradera. Las fuerzas de seguridad en el Sahel no cuentan con las capacidades, la motivación o la disciplina necesaria para desempeñar su cometido de proteger a la población o defender la soberanía territorial del estado. Es por ello por lo que, en el caso de Mali, el diálogo con los insurgentes de cualquier ideología ha formado parte de la diplomacia de seguridad de los diferentes regímenes malienses hasta el golpe de Estado del capitán Sanogo en 2012 y la aparición de los grupos insurgentes yihadistas y secesionistas que propiciaron la entrada de fuerzas internacionales en el país. Ni siquiera con ejércitos extranjeros tratando de poner orden en el caótico puzle del Sahel, los sucesivos presidentes de Mali cesaron de negociar. Sin embargo, nada ha dado resultado, ni la mediación para lograr el alto el fuego, ni la intervención militar directa.

A los problemas estrictamente securitarios se han sumado otros de carácter identitario. Y es que, aunque los estados sahelianos y saharianos tengan unas fronteras definidas, en su interior cohabitan numerosas tribus con diferentes lenguas. Este hecho hace difícil entender la violencia tuareg o árabe en el norte de Mali, la peul en la parte central del mismo país, la violencia haoussa en el este de Níger, la peul en el oeste de Níger y en el norte de Burkina Faso. Es determinante comprender la dimensión étnica porque sirve como elemento multiplicador en un marco de violencia en el que la etnia, el territorio y la actividad comercial son interdependientes. Con ello no se pretende afirmar que la heterogeneidad étnica de un país lo haga más violento o lo predisponga a soportar un mayor número de grupos armados. De hecho, en el Sahel, las etnias no se enfrentan entre ellas, salvo en los casos en los que son instrumentalizadas. A lo largo de los últimos años de investigación en Mali, hemos podido observar cómo los enfrentamientos entre las etnias dogon y peul no se basan en una lógica de racismo étnico o de protección de las propias actividades económicas, sino en cómo discrepancias puntuales entre ellas han sido utilizadas por los líderes estatales y no estatales para enfrentarlas provocando dramáticos baños de sangre. Es necesario señalar estos enfrentamientos, llamados intercomunitarios, para, por una parte, deconstruir el argumentario de la diferencia étnica como una razón de violencia mayor y, por otra, para ver que, contrariamente al pensar mayoritario, la característica diversidad étnica de los países africanos es parte de su diversidad cultural y lingüística y no una fuente de inseguridad. No deja de ser cierto, no obstante, que en la última década, en tierras sahelianas concretamente, han ido surgiendo nuevos discursos «étnico-nacionalistas» que pueden llegar a empujar a los miembros de una comunidad a empuñar las armas; podríamos enmarcarlos dentro de los nuevos regionalismos del siglo XXI en el Sahel, que, si bien antaño se ceñían a la población árabe tuareg, hoy afecta también a los peuls de la frontera de Liptako-Gourma.

El fracaso de las estrategias occidentales en África

EL SAHEL, PUNTO DE PARTIDA

La aparición de los yihadistas se dio por motivos que van más allá de lo puramente ideológico. De hecho, la presencia de los yihadistas en el norte de Mali no significó, en primera instancia, una fuente de inestabilidad para el Sahel. Permanecieron durante años entre las fronteras sahelianas de Argelia, Mali y Mauritania, y apenas se sabía de ellos. Las primeras consecuencias para la seguridad internacional llegaron cuando 32 turistas de diferentes nacionalidades (21 europeos y un sudafricano) fueron secuestrados y terminaron en cautiverio durante largos meses.

El ideólogo de este ampliamente mediatizado secuestro fue el líder del Grupo Salafista para la Predicación y el Combate (GSPC), Abderazzak El Para. Aunque no hubo datos que puedan dar información exacta sobre el lugar de cautiverio de estos rehenes, se cree que la mayoría de ellos estuvieron recluidos en el norte de Mali. Y hubo que esperar meses para que sus gobiernos pagaran a los secuestradores del GSPC un rescate y fueran liberados. La duda ideológica se sembró ya en este primer secuestro por parte de esta organización de naturaleza yihadista que arrancó con éxito al lanzar un secuestro masivo; luego le sucederían otros tantos. Solo entre 2012 y 2018, otra veintena de ciudadanos extranjeros fueron secuestrados por esta organización, que ha ido adoptando nuevos nombres en el tiempo como Al Qaeda en el Magreb Islámico (AQMI) o que ha vivido desmembramientos dando lugar a otras organizaciones como MUJAO.

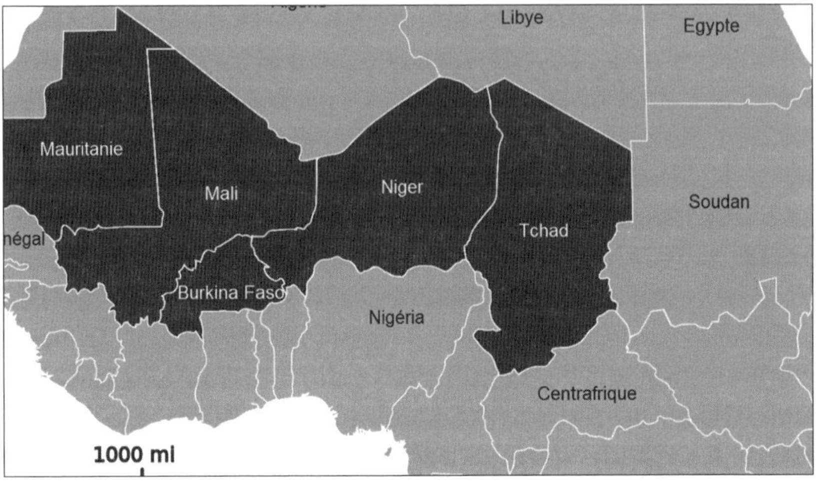

Cinturón central del Sahel.

El alcance de la amenaza prosiguió en 2005 cuando un cuartel en Lemgheity, en el extremo noreste del país, cerca de las fronteras argelina y maliense, fue atacado por un comando del GSPC argelino. Alrededor de una veintena de militares perecieron en la acción y desapareció una parte importante del arsenal militar. Este fue el primer ataque de envergadura de este grupo que empezaba a enseñar sus dientes en la región del Sahel. El asalto fue reivindicado por el entonces popular Mojtar Belmojtar, conocido por sus negocios en el contrabando de cigarros y más tarde de drogas, como represalia al arresto de islamistas mauritanos y a la participación del gobierno mauritano en unas maniobras militares conjuntas con fuerzas estadounidenses en el Sahel. Mauritania fue el primer país del Sahel en reaccionar tras los primeros ataques terroristas en su territorio entre 2005 y 2007, y que continuaron hasta el año 2011. El gobierno de Mohamed Ould Abdel Aziz, que llegó al poder en 2008 gracias a un golpe de Estado, ejerció con mano de hierro el control sobre la amenaza terrorista, y puso un énfasis especial en contrarrestar el reclutamiento de los jóvenes que se involucraron en AQMI durante estas fechas, combinando la mano dura militar y la declaración de zona militarizada de las regiones más remotas del país, en las que se implementaron programas de prevención de radicalización y un ambicioso programa de enseñanzas religiosas. El resto de los gobiernos de la región del Sahel no percibieron una actividad significativa del yihadismo en sus territorios hasta 2012, por lo que hasta entonces ignoraron el fenómeno. Mali fue especialmente señalado por ser uno de los gobiernos que, con su inacción, favorecería la implantación y el arraigo de los grupos terroristas yihadistas en el territorio saheliano.

El embrollo de actores y de retos de seguridad en el Sahel han supuesto que la primera potencia mundial, Estados Unidos de América, haya sido la primera nación en diseñar una estrategia para todo el continente africano y específica para el Sahel. Esta estrategia empezó a desplegarse hace quince años y su alcance y escala vienen notablemente determinados por los equilibrios de poder a nivel internacional (teniendo en cuenta la presencia de China y Rusia en el continente, donde ambos países ya han logrado penetrar en algunas economías) y su guerra global contra el terrorismo.

ESTADOS UNIDOS EN ÁFRICA

Mientras que en la década de los 90 el continente africano no constituía una prioridad estratégica para EE. UU., en la actualidad la situación es muy diferente. De hecho, ha sido el avance ruso y chino lo que ha empujado a los EE. UU. hacia un proceso de redespliegue en el continente, destinando recursos específicos (los del U. S. Army Africa) cuyas operaciones dirige un cuartel general propio, el AFRICOM, apoyándose especialmente en sus bases navales y las fuerzas de proyección de la zona del Mediterráneo.

El arco de crisis, que se extiende desde el mar Rojo hasta el océano Atlántico, está delimitado por las bases estadounidenses de Yibuti, el Campamento Lemonnier que cuenta con más de 2500 soldados, de Níger (donde existe una base de drones) y toda una serie de estaciones de vigilancia y logística. Este sistema tiene la capacidad de apoyar a los 1700 soldados de las fuerzas especiales (de un total de 80.000 efectivos, casi el 18 % de las fuerzas estadounidenses/ISF) desplegados más allá del Sahel, desde las costas de Somalia hasta la costa atlántica y desde el golfo de Sirte hasta las profundidades del sur de África, pasando por el «corazón de las tinieblas» de los Grandes Lagos y África central. Su objetivo declarado es hacer frente a las amenazas contra la seguridad, en particular, aquellas consideradas terroristas.

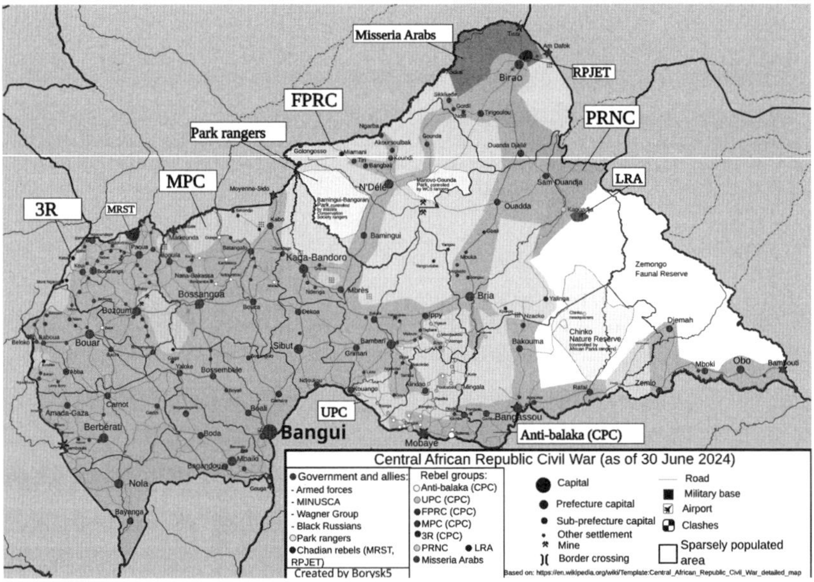

Mapa de las bases militares de EE. UU. en el África subsahariana.

Estados Unidos ha firmado numerosos acuerdos bilaterales de colaboración con los países africanos, acuerdos que se refuerzan mediante programas de acuerdos regionales. Sólo en 2017, los EE. UU. realizó más de 3000 ejercicios operativos juntamente con fuerzas africanas y es el principal instructor de las fuerzas armadas de los distintos estados del continente africano, sobre todo en lo relativo a formación de las élites militares, las funciones del personal, trabajos de inteligencia, de logística, instrucción de fuerzas especiales y en prácticas antiterroristas. Por lo que respecta a las áreas costeras, la marina estadounidense proporciona «asistencia para la seguridad marítima», también en el marco de numerosos acuerdos bilaterales. La estrategia estadounidense se basa en el concepto de *light footprint* (huella ligera), un eufemismo empleado por el ejército para definir la reducción de la percepción popular de su presencia en la zona y, de ese modo, no aparecer como un actor beligerante en las crisis internas del Sahel y del continente en general.

Aquellos estados que reciben ayuda financiera estadounidense para el desarrollo, en particular para programas alimentarios y de salud pública, que asciende a más de 500 millones de dólares al año (Nigeria-Etiopía-Kenia-Sudáfrica), son puntos focales de la política estadounidense de despliegue y «contención» frente a los intentos de ejercer influencia de China o Rusia. EE. UU. también despliega un gran número de asesores en África, sobre la base de acuerdos económicos bilaterales y lleva a cabo un plan de ventas de armas a muy bajo coste a sus socios.

Por último, EE. UU. también ha estado proporcionando apoyo logístico, de inteligencia y de compromiso de fuerzas (colaboración con ataques aéreos, misiles y recursos de decisión en el caso de guerra de agresión, como en el caso de Libia) a las operaciones de Francia dentro del marco de la misión fracasada del G5-Sahel en la franja sahelo-sahariana, operando en forma de liderazgo «en la sombra», actuando a través de socios intermediarios a los que proporciona los recursos y las capacidades esenciales para el desarrollo de estas acciones. Todo ello en un ambiente de asociación y atribuyéndose la intención única de contribuir esencialmente a la lucha contra el terrorismo internacional y a la ayuda al desarrollo en el marco necesario de una paz que debe establecerse, si no recuperarse, para la región, particularmente para poder asegurar la explotación de sus numerosos recursos naturales.

Es legítimo preguntarse, por tanto, y ello constituye la reflexión central de esta obra, acerca de los resultados de esta estrategia global estadounidense en su nuevo enfoque táctico sobre el Sahel. En primer lugar, porque los programas estadounidenses de entrenamiento de las fuerzas armadas de estados inestables con la intención de impulsar un proceso de democracia y paz civil, y la entrega de armas a los «enemigos de los enemigos» como parte de la «huella ligera» para garantizar que «las batallas sahelianas sean libradas por africanos», presentan el peligro claro de favorecer a los que defienden proyectos insurgentes secesionistas, criminales o religiosos (como ocurrió en Afganistán).

Fuerzas militares europeas entrenando en el norte de Mali.

Sin ir más lejos, el programa de entrenamiento militar Iniciativa Pan Sahel (PSI), que se centró en la vigilancia de fronteras y de personas como parte de la estrategia antiterrorista, o el programa que le sustituyó más tarde, la Asociación Transahariana (TSCTP), que, además de atender la dimensión militar, favoreció proyectos de desarrollo, contribuyeron a la emancipación de los grupos secesionistas. Es decir, los programas de entrenamiento, la logística, los vehículos, armas y otro tipo de dotaciones que fueron entregados en los distintos países sirvieron para que los insurgentes volvieran, en 2012, al ruedo de la guerra contra el estado central. Estos programas de formación permitieron que un centenar de miembros del ejército estadounidense insertarse en unidades de entrenamiento a grupos de tuaregs y árabes que más que integrarse en el ejército por vocación lo hicieron por supervivencia.

Si bien los secuestros de occidentales en 2003 sirvieron de coartada para poner en marcha, en 2006 y 2007, las iniciativas preventivas IPS y TSCTP, en 2005, justo un año antes, el ataque del GSPC contra el cuartel militar Lemgheity sirvió para alumbrar las maniobras Flintlock que ese año contaron con 300 personas para su despliegue. Una vez más, el objetivo de estas maniobras era entrenar unidades especiales para capacitarlas y así responder a una amenaza terrorista que iba haciéndose más grande al mismo tiempo que los operadores de seguridad aumentaban en tamaño y número. La operación Flintlock se reeditó en el Sahel en diez ocasiones hasta que, tras la rebelión de 2012 en el norte de Mali, Francia desplazó a Estados Unidos de la primera línea de la seguridad. Pero hasta ese momento eran los estadounidenses los que lidiaban *in situ*, mediante su estrategia de *soft power*, con la forma de afrontar las distintas amenazas que se gestaban en la región. Sin embargo, estas o bien no fueron suficientemente identificadas, o bien no se invirtió tiempo necesario para analizar y comprender las distintas aristas de una violencia que no sólo debía estudiarse desde el ámbito ideológico.

Como hemos visto, el *modus operandi* de los Estados Unidos se basó en la estrategia de poder suave, mediante la firma de acuerdos con las autoridades con el fin de entrenar a los cuerpos y fuerzas de seguridad locales en las bases estadounidenses para que aquellas estuviesen bien preparadas para enfrentarse con el enemigo. Se pensó que mediante esta política de intervención indirecta, basada en alianzas y asociaciones locales, se ganaría en eficacia y no se proyectaría una imagen de injerencia. Como conclusión, no solo hay que evaluar el porqué de las intervenciones militares, también sus consecuencias a futuro. Porque hoy podemos ver con perspectiva cómo la formación militar ofrecida por los Estados Unidos a los autóctonos de Azawad siempre tuvo los días contados y era inevitable que terminara siendo un fiasco en el momento en el que se declarara una nueva guerra secesionista, pues para los norteños de Mali no se trataba más que de un juego geopolítico. Cuando, en 2012, estalló el levantamiento armado independentista tuareg y árabe, los mismos hombres que habían recibido entrenamiento diario americano para, teóricamente, luchar contra el terrorismo se integraron en las filas de las organizaciones insurgentes. Es decir, buena parte de los habitantes autóctonos entrenados por Estados Unidos en la estrategia de prevención y lucha contra el terrorismo (para apoyar al estado central) se adhirieron al ejército insurgente. Estados Unidos seguramente fuera consciente de que su formación y entrenamiento militar no serviría para detener futuras insurgencias armadas o neutralizar a los guerrilleros asentados en ideologías, sin embargo, sabía que su presencia a través las bases militares era esencial para acceder a recursos vitales y sobre todo contrarrestar las fuerzas rusas y chinas que siguen en alza en el continente africano. En última instancia, la derrota de los grupos extremistas significaba una prioridad, salvo y cuando estos puedan suponer un problema para la explotación de recursos.

Favorecer la opción militar sin pensar en el componente étnico, territorial, económico o social presenta, pues, riesgos de todo tipo para el futuro de la paz y la estabilidad política en la región del Sahel. Ha quedado demostrado que esta solución no es óptima para resolver los problemas específicos de los diferentes estados, desestabilizados por dinámicas intercomunitarias internas y graves carencias económicas y sociales. Y, en caso de llegar a resolverlos, es para un corto plazo, después del cual resurgen aún con más fuerza. En realidad, estos programas militares se insertan en políticas de control de crisis basadas en intereses particulares, en las agendas propias de los grandes poderes en lugar de intentar encontrar un sistema fiable para salir de la o de las crisis. Al tratar de resolver el problema atendiendo a sus efectos y no a sus causas, a menudo se llega a lo peor, si no, a lo esperado. El Sahel, África, como Oriente, es complicada. Es imposible resumirla en unas cuantas ideas sencillas y, aunque en política, la opción militar puede ser a veces un medio (que debe calibrarse con mucho cuidado y precaución), habitualmente resulta incoherente, como demuestran la historia del Sahel y la historia más reciente.

Marines de las fuerzas especiales estadounidenses entrenan a un equipo maliense, en una maniobra de lucha contra el terrorismo durante el ejercicio Flintlock, en 2010.

La seguridad del Sahel ha pasado, en una primera instancia, por las manos de los norteamericanos sin que estos hayan respondido a su principal papel en el mundo (tal y como el propio país ha venido proyectando) de exportador de la seguridad, la gobernanza democrática y el desarrollo sostenible a países que se encuentran, por el momento, en un túnel sin salida. Como señala el politólogo Rahmane Idrissa, los Estados Unidos han puesto en marcha políticas públicas de seguridad que recuerdan a la etapa de la colonización y la misión civilizadora, pero esta ilusión ha colisionado con la agenda puramente estratégica, que no parece ser tan generosa con la idea de querer llevar la paz al mundo. Después de más de 20 años de política «exportadora» de seguridad (empezando por Afganistán)[5], estamos recogiendo las cenizas de una política militar que finalmente respondía a objetivos estrictamente geopolíticos. El interés cada vez más creciente que suscitan tanto la región del Sahel como el conjunto del continente africano radica en que la zona es vista a nivel mundial como una última frontera en términos de suministros energéticos, si consideramos el petróleo y el gas natural como las fuentes de energías más competitivas tras dominar el mundo durante más de un siglo.

Para los investigadores Volman y Klare, los importadores de estas energías buscan reducir su dependencia del petróleo de Oriente Próximo, de modo que el mercado se ha diversificado hacia otros yacimientos del continente africano, donde ya se están librando la mayoría de las batallas debido a su vital trasfondo económico (Volman, Klare, 2006). Los autores se refieren a los Estados Unidos, China y la Europa occidental como las naciones principales consumidoras de petróleo del mundo y que explican entonces el interés en el desarrollo de las reservas petrolíferas africanas, en especial, aquellos países que cuentan con una producción creciente del petróleo, así como Nigeria, Angola, Gabón, la República del Congo y

5 Leer: https://www.politicaexterior.com/revista/afkar-ideas-63/

Guinea Ecuatorial. A medida que los países africanos ganan mayor interés en fuentes energéticas, la producción de seguridad se elevará por parte de los actores internacionales, en este caso, los Estados Unidos, que, sin embargo, perdió lugares preponderantes en el Sahel.

De Níger, más de mil soldados estadounidenses salieron del país en el mes de abril de 2024, después de casi una década desplegados en la lucha contra el yihadismo. Para ello, los Estados Unidos construyeron una importante base de drones en Agadez, al norte de este país saheliano, que costó unos 100 millones de dólares. En Chad, país central del Sahel y que ha sido analizado anteriormente, está el centro de la agenda energética y mantiene, sin embargo, una presencia importante americana. Dos empresas estadounidenses, ExxonMobil (40 %) y Chevron (25 %), junto con la empresa malasia Petronas (35 %), han invertido 3700 millones de dólares para explotar yacimientos petrolíferos en la cuenca de Doba, en el sur del país, y financiar la construcción de un oleoducto para transportar el petróleo a través de Camerún hasta una instalación de almacenamiento y descarga cerca de Kribi, en la costa atlántica.

Los intereses económicos priman en la geopolítica internacional, en especial en un escenario de mercados muy competitivos con el poder chino dando pasos de gigante. Tras los malos resultados que arrojó el balance de veinte años de intervención estadounidense en términos de estabilidad y de paz en el Sahel (que hoy sufre más violencia con la existencia de más grupos armados que nunca), lo más lógico es pensar que la verdadera prioridad de la estrategia estadounidense fue, durante su intervención, el petróleo africano como «interés nacional estratégico». El que fuera subsecretario de Asuntos Africanos en la administración estadounidense entre 2001 y 2003, Walter Kansteiner, declaró, durante una visita a Nigeria, en las estribaciones de la franja del Sahel, que el petróleo africano tenía un especial interés estratégico para Estados Unidos y que aumentará y será más importante a medida que se avanzara. Estas declaraciones no suponen una novedad, por lo que la mirada crítica a la estrategia internacional de seguridad se convierte en una mirada racional teniendo en cuenta que la oferta securitaria está condicionada a los intereses geopolíticos de los países que implementan esa seguridad. Todo entra en juego menos la protección de la población. Resulta inquietante que la agenda de las fuerzas militares esté condicionada a las materias primas estratégicas que atesora África. Aunque esto tampoco es nada nuevo, es necesario hacer una reflexión y una crítica lúcida a operadores como AFRICOM, aún presente en el continente tras dos décadas, pese a que pasa inadvertida entre la población. Para Estados Unidos, mantener la presencia de AFRICOM se convierte en un actor estratégico, ya que permite a Estados Unidos mantener sus posiciones en el continente africano y defender sus intereses económicos en la región. El África occidental y central se están convirtiendo en una zona de competencia geopolítica entre las grandes potencias económicas, especialmente para China. El gigante asiático está a punto de convertirse en el mayor socio comercial del continente, por delante de Reino Unido y Estados Unidos. Cerca de 900 empresas chinas han invertido en infraestructuras, manufactureras y petróleo en África.

En 1984, a través de su embajada en Mali, China logró que una empresa china ayudara a sanear una fábrica estatal maliense de cuero. La empresa se concibió originalmente como un proyecto de colaboración por parte de China para que la fábrica pudiera reanudar la producción. El préstamo adelantado por el país asiático se devolvió mediante la exportación de cuero, materia prima que China poseía en abundancia. Teniendo esto en cuenta, China ha convertido Mali en un laboratorio de contratación de directivos para las empresas estatales chinas. Mediante esta estrategia ha conseguido controlar la empresa azucarera estatal maliense mediante la contratación de personal chino en la empresa.

Este escenario se repite con Francia desde que, en 2012, tomó el relevo de la seguridad en un momento dorado para la ocupación secesionista y yihadista en Azawad (norte de

Mali). Pocos años antes, tanto Francia como el resto de la UE, debido a la globalización, a la gran interconexión humana y geográfica entre la zona del Sahel y el vecino Magreb (Argelia, Marruecos, Túnez y Libia) y debido también a la cercanía de esta región con las fronteras europeas, interpretaron que la seguridad de las fronteras de Europa comenzaba no en el Magreb sino en el Sahel, particularmente en Mali debido a la inestabilidad en la zona desde 2012. Por todo ello, la UE adoptó un papel muy relevante mucho más allá de la gestión de los flujos migratorios. Liderada por Francia, la Unión Europea se ha involucrado en el combate del terrorismo con la operación Serval (reconvertido en operación Barkhane en el año 2014) y la EUTM, la misión europea de entrenamiento y adiestramiento de las fuerzas de seguridad malienses o nigerinas. Estas iniciativas, vigentes desde 2013, se completan con el despliegue de una de las mayores misiones de Naciones Unidas en África, la misión MINUSMA.

EVALUACIÓN DE LA INTERVENCIÓN FRANCESA

La retirada de operadores de seguridad occidentales.

Francia desplazó a los Estados Unidos del liderazgo securitario en el África occidental y se posicionó en su antigua colonia para dar respuesta a la amenaza de los grupos yihadistas que en 2012 avanzaban del norte de Mali hacia Bamako, la capital. Así, París desplegó la operación Serval en enero de 2013, apoyada por tropas francesas ya presentes en África y con respaldo estadounidense y europeo. Las situaciones de emergencia son características de los procesos de securitización, como observan los teóricos críticos del campo de la seguridad, y es lo que precisamente ocurrió en Mali, que pasó de un contexto ordinario a otro de excepción. El objetivo de la intervención era impedir lo antes posible que los hombres de Iyad Ag Ghali, líder de Al Qaeda en el Sahel, siguieran avanzando. El presidente francés, François Hollande, ordenó el despliegue inmediato de aviones y tropas en el estratégico aeropuerto de Sévaré. Gradualmente, los soldados fueron llegando al país, lo que supuso una vuelta a la forma clásica de intervención militar rápida en respuesta a una amenaza inminente, la del terrorismo que ya existía una década atrás y con sus conexiones con el crimen organizado. Para entender mejor estas acciones, es útil recurrir a la teoría de la securitización formulada por la Escuela de Copenhague. Esta teoría, liderada por Ole Wæver en la década de los 90, se presentó en su formulación clásica en «Security: a New Framework of Analysis» (1998), junto con Barry Buzan y Jaap de Wilde. Aunque inicialmente descriptiva, esta teoría ha sido considerada clave en los Critical Security Studies. La securitización desplaza la política a un ámbito más allá de las reglas establecidas, definiendo un asunto como amenaza y requiriendo medidas excepcionales. El objetivo de la operación Serval, iniciada tras la petición de apoyo del gobierno transitorio de Bamako, era frenar el avance yihadista y dispersar a los grupos armados que controlaban el norte de Mali. La necesidad de combatir el terrorismo más allá de las fronteras de Mali transformó Serval en la operación Barkhane, abarcando una extensión geográfica mucho mayor, incluyendo Mauritania, Burkina Faso, Níger y Chad. En julio de 2014, Serval pasó a denominarse Barkhane, con una enorme área de influencia en el que operaron unos 4000 efectivos franceses, principalmente en Gao (norte de Mali) y Yamena (capital de Chad). Esta extensión de la operación ante la amenaza definida ayuda a responder a la teoría de securitización, ya que muestra cómo la percepción de una amenaza puede justificar la expansión de medidas excepcionales y la intervención militar en una región más amplia.

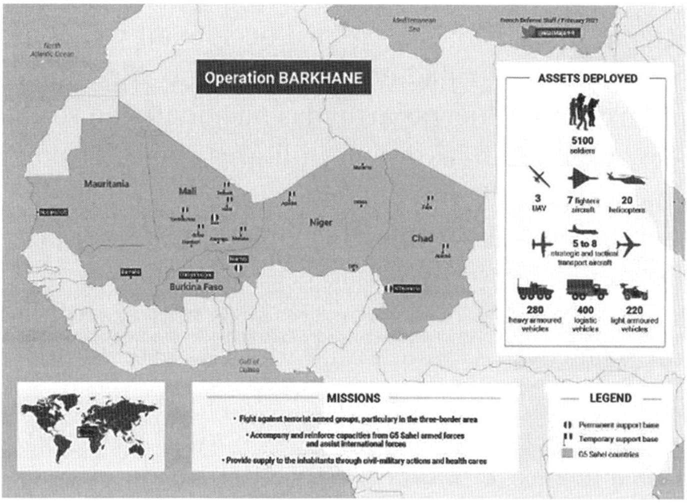

Países involucrados en la operación Barkhane
(Ministerio de Ejército de Francia.)

La operación Barkhane ha sido el pilar de la lucha contra el terrorismo en la región, con Francia comprometida en combatirlo. El despliegue de personal, equipamiento y medios ha sido significativo, contando con el apoyo de otros países europeos y Estados Unidos. Sin embargo, el coste financiero ha sobrepasado las estimaciones, alcanzando cerca de 600 millones de euros al año. El coste en vidas humanas también ha sido alto, con 19 soldados franceses fallecidos en Mali desde 2013.

Inicialmente, Francia no planeaba desplegar Serval por mucho tiempo, pero la operación se convirtió en Barkhane y salió de las fronteras de Mali, y eso se paga muy alto. El objetivo cambió a un plan a largo plazo, manteniendo posiciones militares a lo largo de toda la región del Sahel. A pesar de las contradicciones internas y los ambiguos resultados, una década después de la intervención, persistieron incesantes interrogantes sobre por qué Francia no había logrado erradicar la amenaza del terrorismo en el Sahel. Y peor aún, la violencia aumentó y se desplazó hacia el sur, hacia la zona sahelo-guineana. Los atentados terroristas en Costa de Marfil en 2016 y más recientemente en Togo y Benín indican la creciente inseguridad en África occidental y el constante deterioro de la seguridad en el Sahel. Todo ello impactó en la confianza de las fuerzas armadas nacionales en sus líderes políticos, acelerando los golpes militares apoyados por la ciudadanía en Mali, Níger y Burkina Faso.

El sentimiento antifrancés se hizo patente en las redes sociales y en encuestas realizadas en Bamako por la autora, donde más del 90 % de los encuestados rechazaron la intervención francesa. Como resultado de este sentimiento antifrancés, el 10 de junio de 2021, el presidente francés Emmanuel Macron anunció cambios en la presencia militar de Francia en el Sahel y habló del fin de la operación Barkhane, añadiendo: «Esta transformación supondrá un cambio de modelo». En octubre de 2021 cerraron las bases militares en Tessalit, Kidal y Tombuctú y, en 2023, los 5100 soldados franceses presentes en el Sahel se redujeron a 3000 efectivos. Todas las fuerzas se replegaron a la base de Gao, en Mali, y a la base aérea 101 de Niamey, en Níger, en la llamada zona de las Tres Fronteras (Mali-Burkina-Níger), donde el grupo del Estado Islámico operaba de manera activa. A pesar del agravamiento de la crisis entre Mali y Francia, la operación Barkhane sigue sobrevolando el espacio sahelo-sahariano y sus tropas mostraron resistencia al repliegue, lo que dio lugar a numerosos malentendidos entre Bamako y París.

El Elíseo puso en marcha un nuevo plan que sirviera para lavar la cara de la operación y se desplegó la denominada fuerza Takuba, que, con 600 efectivos, seguía siendo una prolongación de Barkhane. El operativo Takuba era una fuerza compuesta por unidades especiales que prestaba un apoyo más directo a los ejércitos locales, concentrándose en su fortalecimiento. Esta aparentemente útil transformación de la operación francesa llegó tarde porque la desconfianza ya se estaba instalada en la zona y lo hizo en un momento en el que la acción militar francesa había alcanzado su límite y en el que, sin duda, una operación bajo la bandera de la UE sería más fácilmente aceptada que un operativo dirigido por la antigua potencia colonial. De nuevo, la apreciación fue tardía, pues ya se había desencadenado una campaña de hostilidad hacia las tropas francesas, como quedó de manifiesto en la encuesta realizada en Bamako. La situación en Mali se agravó con el apoyo que Francia dio a las filas secesionistas, quienes eran enemigos de la integridad territorial de Mali, para luchar contra las filas yihadistas. La distinción que Francia hizo de unos guerrilleros frente a otros ocasionó la pérdida de soberanía sobre su territorio. Esto generó una gran preocupación en la opinión pública nacional, que estaba consciente de las violaciones a su soberanía nacional.

En la vecina Níger, los ciudadanos miraban de reojo la deriva de la situación securitaria y, meses antes del golpe de Estado contra el presidente Mohamed Bazum, en otra encuesta realizada por la autora de este libro a más de 500 ciudadanos, casi un 60 % se declararon «muy insatisfechos» con el papel que desempeñaba Francia en la región del Sahel. En general, los encuestados nigerinos también expresaron una gran desconfianza ante la transferencia de las tareas de seguridad hacia actores no africanos. Un 31,91 % afirmó tener muy poca confianza en la gestión de la gobernanza de la seguridad exterior y un 24,71 % expresó categóricamente que no tenía «ninguna confianza». El sentimiento de hostilidad hacia Francia, por tanto, nació y creció en este contexto de inseguridad, lo que, pasado el tiempo, provocó la ruptura de los contratos de seguridad y de defensa con el tradicional socio francés y abrió paso a un novedoso movimiento nacionalista encabezado por líderes militares que navegan entre el poder y el populismo.

En cuanto las tropas francesas aparecieron en territorio maliense, empezaron a proliferar los atentados suicidas en el triángulo Gao-Kidal-Tombuctú. Hasta aquel momento, este tipo de atentados habían sido inexistentes. Ninguno de los jóvenes kamikazes tenía la piel blanca porque, aunque los tuaregs y los árabes recurren a la violencia, mueren por su causa en el campo de batalla, pero no se inmolan porque no piensan en matarse para matar a otros. La primera inmolación la protagonizó un joven de la etnia peul, de piel negra, que está considerada como una comunidad extremadamente sensible al fenómeno religioso, lo que podría explicar (aun no siendo determinante) por qué durante los últimos años los peuls han sido los principales protagonistas de los ataques suicidas. Estas inmolaciones cambiaron el paradigma de la guerra en Mali porque se pasó de un conflicto directo entre fuerzas no estatales y fuerzas estatales al empleo de tácticas completamente asimétricas. Cuando la organización MUJAO, de liderazgo árabe y tuareg, reivindicaba el uso de minas contra los convoyes militares o el uso de suicidas en nombre de Dios, lo hacía dirigiéndose específicamente a los jóvenes de piel negra, porque a ellos sí se les podía convencer de que el acto suicida era un acto de sacrificio a Dios. En este sentido, se produjeron una serie de atentados suicidas durante 2013, el primer año de intervención militar francesa. El *modus operandi* era completamente novedoso, porque se alternaban los atentados suicidas y los ataques terroristas sin inmolaciones. En realidad, tanto unos como otros, aunque se definan de manera diferente, arrojaron los mismos resultados: sangre y reproducción de la violencia. Murieron civiles y también miembros fuerzas armadas malienses, efectivos de la MINUSMA y soldados pertenecientes a las fuerzas francesas. Aunque el impacto mediático de la muerte de un miembro de las fuerzas internacionales era siempre mucho mayor al fallecimiento de un soldado maliense.

La presencia peul integrada en MUJAO dio los resultados necesarios para que el cabecilla de la nebulosa yihadista, el tuareg Iyad Ag Ghali, pensara no solo en el reclutamiento de los peuls dentro de las filas de esta u otra organización integrante del yihadismo, sino en la creación de una *katiba* específicamente peul y con un liderazgo peul. Esto dio lugar a la aparición de la organización yihadista del Frente de Liberación de Macina (FLM) en el centro de Mali, zona con una abundante población negroide, como los dogons, los bambaras y, sobre todo, los peuls. El nacimiento del FLM justificó la continuidad de Francia en la región, incluso la legitimó, y dio lugar a que la Unión Europea construyera nuevas bases militares en las zonas de influencia yihadista peul.

El aumento de las operaciones de la *katiba* de Macina (el FLM) dirigida por Amadou Koufa se producía al mismo tiempo que se intensificaba la participación francesa y se invertían numerosos esfuerzos por parte de la UE para hacer frente a la amenaza terrorista, que, finalmente, se desplazó desde el norte de Mali, el epicentro inicial de la violencia, hacia el centro del país. Tanto es así que Azawad, la razón de ser de Barkhane, dejó de ser una prioridad tras quedar en manos de la insurgencia secesionista (que, aunque discretamente, siempre contó con la colaboración de elementos armados de la bandera negra de la yihad). En su lugar, la región de Macina (el centro) se convirtió en la primera y nueva línea de batalla contra la amenaza terrorista. Los tuaregs y los árabes, los de piel blanca y los del turbante azul, se reposicionaron en el mapa de la violencia armada como actores político-militares con los que cabía negociar para alcanzar la estabilidad en la región, mientras el fuego de artillería de las tropas francesas se desplazaba hacia la comunidad peul en Bandiagara, Douentza, Bankass y Macina (todas estas localidades del centro de Mali). Apareció, entonces, la alerta contra el «peligro peul», primero en la frontera de Liptako-Gourma, para luego extenderse hacia la frontera norte de Burkina Faso y al este de Níger, hacia la región de Tillabery.

La violencia peul crecía como la espuma en el triángulo fronterizo de Liptako-Gourma y tanto en el Elíseo como en Bruselas empezó a percibirse como una nueva amenaza para el Sahel, mayor que la presente en Azawad. Se repetían los mismos problemas del pasado, cuando un sector de la diplomacia europea entendía que la emancipación de la violencia entre los peuls obedecía a las sensibilidades religiosas de esta etnia negra debido a su pasado imperial yihadista. Sin embargo, la violencia peul, tal y como hemos analizado, es análoga a la de los tuaregs y los árabes porque ambas obedecen a factores locales que superan ampliamente la etiqueta estrictamente religiosa.

Al decir eso, no se pretende negar la utilización que el liderazgo peul de Amadou Koufa hace de Sekou Mamadou, la gran figura carismática, de tradición islámica y muy respetada dentro de una población convertida al islam. En Sekou Mamadou radicó la fundación del Imperio de Macina (de corte religioso) durante el siglo XIX. Mamadou instaló un Estado teocrático en el Sahel tras años de sistemas políticos de Estados comerciantes. Las pequeñas teocracias que se instalaron en Nigeria, Senegal, Mali o Níger tenían profundidad religiosa pero también interés económico. Después de la figura carismática de Mamadou aparecieron otras que representaron un importante liderazgo y que siguen hoy muy presentes en el imaginario saheliano: el Hajj Omar Tall du fuuta Toro (una teocracia en tierras senegalesas y malienses) y Ousmane Dan Fodio de Sokoto (Nigeria). Ellos conservaron el referente islámico para poblaciones que procedían de un pasado sin religión monoteísta, tribus principalmente que, paulatinamente, fueron abrazando el islam. Estos actores político-religiosos se colocaron en el Sahel como valedores de las tradiciones africanas frente a los sistemas imperialistas, que ya empezaban a socavar los objetivos sahelianos, explorando el territorio y explotando sus recursos. Frente a la presencia francesa ondearon la bandera de la yihad a modo de defensa contra una agresión militar externa. Resulta curioso observar la progresión de la *sharía* y de la sunna como cuerpo jurídico para estas poblaciones de tradición islámica sufí, con una fuerte creencia en los santos. El islam llegó a la región gracias al impulso del comercio que atravesó la geografía de Oriente Medio y el norte de África hasta llegar a las poblaciones negroides en el África occidental; a medida que transitaba el comercio, también lo hacía la religión, pues el islam se propagó primero entre las élites para después impactar en el conjunto de la población. Esta parte de la historia del Sahel ayuda a comprender la fuerza del islam en la sociedad peul, que utilizó la yihad para extender el islam hacia otras comunidades africanas y también y sobre todo para afrontar la invasión colonial francesa. La yihad precolonial vuelve así dos siglos después y con los mismos protagonistas: Francia y la comunidad peul. El efecto dominó de la violencia peul iniciada en Mali continuó en el norte de Burkina Faso y el este de Níger, en la región de Tillabery, y desbordó tanto la capacidad operativa de los ejércitos nacionales como la de sus socios internacionales.

Este atroz fracaso bien podría explicarse por la incapacidad militar de los ejércitos nacionales, pero es preciso destacar también la ausencia de cuerpos y fuerzas de seguridad en el área de las tres fronteras. Desde la llegada de Francia y de sus aliados internacionales a los ejércitos nacionales sahelianos, se quiso proyectar la idea de que el propósito de las operaciones internacionales de mantenimiento de la paz era contribuir al entrenamiento de los soldados destinados en los lugares de refugio de los terroristas, pero no es esto lo que ha ocurrido en el pasado y tampoco está ocurriendo ahora. Los ejércitos sahelianos han permanecido en sus acuartelamientos militares y, contrariamente a lo que se podía pensar, no han realizado incursiones en las zonas ocupadas por los grupos armados que han declarado la guerra al estado. Y es que, aun teniendo posibilidades de atacar, no lo hubieran hecho. Las zonas fronterizas como Liptako-Gourma, verdaderas zonas grises, están fuera de sus atribuciones.

¿Por qué intervenir en lugares ignorados por sus administraciones? No lo ha hecho Francia, tampoco MINUSMA, ¿por qué iban a hacerlo los ejércitos nacionales? Esta reflexión, tan banal, resume el fracaso de las políticas de seguridad en el nuevo entramado de criminalidad organizada y terrorismo. El problema, una vez más, radica en una ciudadanía desamparada y vulnerable a los depredadores del Estado Islámico al este de Níger y al Grupo de Apoyo al Islam y los Musulmanes al oeste de Mali. Las fronteras expuestas al peligro yihadista están en manos de los grupos armados y solo ellos luchan por su control, en perjuicio de los civiles, que se ven obligados a formar rudimentarios grupos de autodefensa para protegerse como pueden de las agresiones de unos grupos armados entrenados y mejor equipados. Esta estrategia de defensa no siempre funciona, pero ante la ausencia de los estados, la única alternativa es que la ciudadanía asuma una suerte de autogobierno y se encargue de su propia seguridad con el riesgo implícito de una deriva hacia una guerra civil transnacional.

El triángulo de mal llamado «peligro peul» desciende desde el norte hacia el centro de Mali, desde el centro hasta el oeste de Níger hasta alcanzar el norte de Burkina Faso. En estas regiones, las circunstancias territoriales son similares: no llegan las infraestructuras más básicas ni los planes de desarrollo son conocidos por una población al borde del hambre. Si en poblaciones cercanas unirse a las filas de la violencia supuso una salida *profesional*, ¿por qué no hacer de ella un instrumento de vida? Así, la población del norte de Burkina Faso (mayoritariamente peul, pero también habitan allí grupos mossis y comunidades tuaregs, songhais y haoussas), inerme ante las actividades de los grupos armados que operan en la región, terminó, en 2016, por enrolarse en primera línea de los grupos yihadistas. La intervención de los operadores internacionales de seguridad iba ganando sentido al tiempo que se extendía la lacra de la violencia yihadista. Se ha producido un efecto dominó que empezó en el norte de Mali y se ha ido trasladando a otras regiones (no así la violencia desatada en Burkina Faso, ligada a dinámicas estrictamente endógenas). La protagonista vuelve a ser la comunidad peul, con la fundación de Ansaroul Islam, un grupo yihadista compuesto principalmente por peuls y que entró en la competición de la violencia con otros actores como el Grupo de Apoyo al Islam y los Musulmanes y el EIGS. Ansaroul Islam tiene sus orígenes en la doctrina de un imán de la provincia de Soum, Malam Ibrahim Dicko. La categoría de imán no es relevante al compararla con la autoridad de los sabios religiosos *cheijs*. Un imán representa una voz religiosa, pero no tiene por qué ser una persona versada en teología islámica, muchas veces no saben leer o escribir. Muchas veces son iletrados, como es el caso de Amadou Diko en Mali, pero eso importa poco a la hora de reclutar a jóvenes para los grupos de oposición armada al Estado. En un contexto de frustración y reivindicaciones sociales, cualquier alternativa vital que se presente tiene que ver con la violencia. Sobre todo, dentro de una realidad como la sahelo-sahariana de castas sociales, viejas y nuevas élites, de poderosos y vasallos, hombres libres y esclavos. Las estructuras sociales de las comunidades enfrentadas reproducen pirámides sociales complejas y por ello es fácil que rápidamente, bajo la bandera yihadista, aparezca un líder que pueda llegar a ser considerado un Rim'bé en el caso de la comunidad peul de Mali, un hombre libre sin título familiar específico al que la violencia consigue elevar a una élite superior, tradicional y religiosa. Se convierte en un miembro importante de la comunidad gracias al recurso de las armas y el apoyo popular. Amadou Koufa o Malam representan este perfil y, a lo largo de los años, se han vuelto célebres por vehicular un discurso de oposición al sistema nacional e internacional, rebelándose en nombre de Dios contra las injusticias y los poderes corruptos, acogiéndose a la retórica de los valores islámicos para restaurar la nobleza de la fe islámica en el seno de su comunidad.

Probablemente, el primer error de Francia fue pensar en diferenciar entre los grupos armados atendiendo a sus emblemas, aparentemente ideológicos. La consideración que realizó de la yihad frente a los grupos armados *no yihadistas* condujo a una intervención sobre el terreno sesgada, *ab initio*, a ojos de los estados centrales. Y terminó pagando las consecuencias. La lucha contra el terrorismo en el Sahel encabezada por Francia tenía como objetivo la yihad de Iyad Ag Gali o de Amadou Koufa, grupos que, a pesar de todo, han conseguido mantener sus posiciones y ver cómo aumentaba el apoyo popular. Los grupos armados secesionistas no se encontraban en el punto de mira de los franceses y ello fue lo que generó la desconfianza de las autoridades malienses hacia Francia. A ello se sumó el hecho de que la estrategia de intervención directa de Francia colisionó con la soberanía de seguridad nacional, algo que tuvo como consecuencia final, como ya hemos visto, la expulsión definitiva de las tropas francesas de suelo maliense.

EL MALESTAR DE EUROPA Y LA ÚLTIMA ETAPA DE LA SECURITIZACIÓN

Después de Afganistán e Irak, el Sahel ha pasado a ser el nuevo laboratorio de las maniobras geopolíticas y el lugar de ensayo de las políticas securitarias de Estados Unidos y Francia (y de sus respectivos fracasos). La primera tentativa de securitización comenzó con las tropas americanas y su fracasado programa de entrenamiento militar a los soldados malienses (del norte). Una nueva demostración de la incompatibilidad de este instrumento con la realidad observada de una región históricamente contestataria al poder de Bamako. La incoherencia de la securitización continuó con la presencia de las tropas francesas, que, a su vez, desveló las contradicciones en materia de seguridad. Y la tarea de securitización, finalmente, aterrizó en el tejado de la Unión Europea. La UE ha sido el último actor externo (hasta la llegada de Rusia) que desembarcó en el Sahel para intervenir estrictamente en el campo de la seguridad, es decir, ha desplegado mecanismos de defensa y de seguridad nunca vistos hasta el momento. Hasta entonces, la UE solo se centraba en una estrategia pensada para gestionar las migraciones desde los países de la CEDEAO con dirección al Mediterráneo central y su principal preocupación radicaba en la porosidad de las fronteras terrestres y marítimas por donde transitan miles de personas del África occidental buscando el otro lado del Mediterráneo, pero también del Atlántico. Tanto es así que, tras la Cumbre Euroafricana de La Valleta de noviembre de 2015, las actuaciones de la Unión Europea se han enriquecido notablemente, tanto en la manera de pensar las migraciones como en su propia estructura, y se han convertido en una dinámica de continuidad en las políticas aplicadas en países como Senegal, Mauritania, Marruecos o Libia desde principios del siglo XXI. Estas políticas se centran en aplicar un enfoque global de la migración africana desde Senegal, Mauritania, Marruecos y Libia hacia Europa desde la década del 2000. Se basan en la perspectiva global definida en 2005 por la Unión Europea, por lo que respecta al África occidental, en el proceso de Rabat. Este enfoque se ha basado principalmente en tres elementos: la gestión de la migración legal, la lucha contra la migración irregular y la promoción del vínculo entre las migraciones y el desarrollo.

EUCAP Sahel y Operación Barkhane son dos iniciativas vinculadas a la seguridad y la lucha contra el terrorismo en la región del Sahel, en África.

La situación migratoria se ha vuelto extremadamente compleja para una UE ya fragilizada *ab initio* por la discordia entre sus países miembros en materia de migraciones y que reciben a los migrantes de una región, la sahelo-sahariana, gravemente afectada por la situación de precariedad económica de su población; hay que tener en cuenta que la renta per cápita, en países como Senegal, no supera, en el sector primario (agricultura, pesca y ganadería), los 80 euros al mes (50.000 cefas). En otras palabras, la dificultad para un senegalés de *clase media* de acceder a una vida digna dentro de su propio país es lo que les empuja a viajar a Europa arriesgando en los cayucos para unirse a un éxodo senegalés que, desde que dio comienzo la emigración masiva, en la década de los 90, sostiene a su país desde la diáspora. En cada hogar, en los pueblos pequeños como Gandiol, al norte de Senegal, al menos un miembro de cada familia ha optado por el éxodo a Europa y, concretamente, a España, a las Islas Canarias, hacia las que apuntan los traficantes para impulsar los flujos migratorios. Las remesas que entran en Senegal equilibran, en cierta medida, el descontento social de un país siempre al borde del estallido de la movilización social.

La ruta marítima entre Senegal y Canarias es una de las más peligrosas de todas las que trazan las migraciones extracontinentales africanas, pero es la más accesible para los migrantes de la cornisa atlántica africana, que incluye Gambia, Guinea-Bissau, Guinea y, en especial, al propio Senegal, un país de tránsito y de migrantes que compite en tráfico y salidas con la tierra de Mauritania por la zona de Nuadibú. Lo que ha sucedido durante el mes de octubre de 2023 es lo que siempre ocurre en los circuitos migratorios: cuando se cierran las puertas a la movilidad en países clásicos de entrada del norte de África (Marruecos, Argelia, Túnez o Libia), se abren otras ventanas de oportunidad a través de otras salidas al mar, que, en este caso, se encuentra en Senegal.

La pasarela de Libia, por donde se han dirigido hacia Europa miles de africanos desde la caída del régimen de

Gadafi en 2012, ya no es tan atractiva desde que los poderes tribales libios firmaron contratos millonarios de control migratorio con las autoridades italianas. Túnez se encuentra en una situación parecida, país también de tránsito para los africanos de la parte oriental y occidental del continente. En julio de 2023, tras refrendar con la Unión Europea un memorándum de entendimiento para conformar una «asociación estratégica integral» en materia de lucha contra la inmigración irregular, desarrollo económico y energías renovables, los traficantes de personas se han visto obligados a seguir buscando rutas y escapatorias que, inevitablemente, afectan a España, frontera sur de Europa, parte del continente más rico del mundo y, quizá por ello, objetivo de unos flujos migratorios voluntariamente mal gestionados. La presidenta de la Comisión Europea, la alemana Ursula von der Leyen, destacó en el palacio presidencial tunecino que el acuerdo estaba destinado a invertir en prosperidad compartida con un país que representa el punto de partida para miles de migrantes que tratan de llegar a Europa cruzando el Mediterráneo central.

Las palabras empleadas por Túnez y la Unión Europea para la firma del memorándum aludían a «proteger mejor sus fronteras (las de Túnez)» a cambio de inversiones de la UE. Un paso más hacia la externalización de las fronteras de Europa, que consiste lisa y llanamente en dotar a las autoridades africanas de herramientas (drones, formación de cuerpos y fuerzas de seguridad, endurecimiento de las leyes que criminalizan a la persona migrante) para controlar las migraciones y defender las fronteras marítimas y, como en el caso de Marruecos, terrestres sin importar las condiciones previas del migrante, su vulnerabilidad, exposición a la inseguridad alimentaria o la violencia. Lo esencial es la seguridad de la frontera, no así la de la ciudadanía en movimiento. El migrante es un sujeto de movilidad sin derechos porque no dispone de papeles que le permitan moverse con libertad, por lo que el objeto de la securitización es, una vez más, no la persona, sino la frontera. Una visión centralizadora de los estados que desestabiliza los pilares de la democracia y de la protección de los derechos humanos en la UE. Los últimos acuerdos no ponen de relieve cómo se controlan las migraciones porque la persona migrante ha sido desalojada del centro de la agenda. Se trata solo de impedir que lleguen a Europa, sin atender las violaciones de derechos que, contra las personas migrantes, se están cometiendo desde principios del siglo XXI.

Debido al férreo control fronterizo establecido en los países exportadores de migrantes del norte de África (principalmente Marruecos, Túnez y Libia), se abrieron de par en par las puertas de la cornisa atlántica, lo que ha permitido que solo durante el mes de octubre de 2023 más de 13.000 personas embarquen en cayucos para llegar a El Dorado canario, teniendo en cuenta que, en todos los meses previos desde que el año comenzó, los migrantes llegados a Canarias superaron los 25.000, alcanzando una cifra récord de llegadas desde la llamada crisis de los cayucos de 2006. ¿Qué sucede? Por un lado, la circulación migratoria se ha desviado hacia rutas menos vigiladas o más sencillas para los traficantes de personas, que fragilizan la eficacia de los cuerpos y fuerzas de seguridad entregándoles grandes cantidades de dinero que resultan irresistibles para unos funcionarios mal pagados y sin recursos para realizar su labor. Sin embargo, más allá de la corrupción, tampoco es factible mantener una vigilancia permanente que logre interceptar a todos los cayucos que se echan al mar para poder proceder a su rescate y posterior repatriación. Se ha regresado a la retórica del reforzamiento de las fronteras con la ampliación de dispositivos de supervisión fronteriza; en el caso de España, el despliegue de un avión de la Guardia Civil para realizar labores de vigilancia marítima. Muchos años atrás, España puso a disposición de Senegal una embarcación de la Guardia Civil para la supervisión de sus costas, pero las herramientas dispuestas siguen siendo insuficientes para controlar el mar abierto del Atlántico e interceptar el envío simultáneo de cayucos, que son tesoros para las redes de tráfico de personas. Un solo cayuco con medio centenar significa unas ganancias de 100.000 euros. Cuando el cayuco transporta el doble de personas o cuando se lanzan al mar varias embarcaciones al mismo tiempo, la cifra puede multiplicarse por cuatro.

Los flujos migratorios generan una valiosa actividad económica y, sobre todo, quitan presión a un mercado de trabajo que no es capaz de generar oportunidades laborales y absorber así los excedentes de fuerza laboral. Esta es la realidad que le quita el sueño a una Europa que, desde hace más de dos décadas, trata, a la desesperada, de frenar la llegada de migrantes africanos al interior de sus fronteras. Sin embargo, aunque se produzcan interceptaciones, devoluciones, expulsiones o detenciones gracias a la aplicación de los acuerdos bilaterales entre los países del Sahel y Europa, concretamente con Alemania, España, Italia y Bélgica, los que mal regresan conviven con los que mal viajan y los que mal regresan vuelven a intentarlo. El control migratorio se ha convertido en la nueva herramienta de la UE para competir geopolíticamente con el gigante chino. Las migraciones y lo que representan para la frontera sur de Europa son la coartada perfecta para mantener unos vínculos firmes con África. La preocupación por la creciente influencia china, y, por tanto, una razón más para poner el foco en el Sahel, ha convivido recientemente con la otra mirada de Europa hacia el Sahel desde el marco de la estabilización. Hubo que esperar a la caída del régimen de Muammar el Gadafi en Libia (2011) y al posterior levantamiento armado de los insurgentes del norte de Mali (2012), tanto los grupos armados afiliados a Al Qaeda como de los separatistas azawadíes, para que se produjera una escalada de estallidos de violencia contra el estado maliense y tuviera lugar la intervención de Francia. Tras la entrada de Francia en el Sahel para intentar estabilizar la zona, la Unión Europea se unió al enjambre securitario, concentrándose en labores de adiestramiento y de lucha contra el terrorismo en la región. Esto ha permitido compartir espacio geopolítico con otros actores ya presentes y que van ganando influencia en el desarrollo del tejido comercial, como es el caso de China. Lo que ha hecho Europa es añadir a la cuestión de las migraciones la del terrorismo, como una de las cuestiones prioritarias del siglo XXI, desde el momento en que Estados Unidos entró en guerra contra los radicalismos en países como Irak y Afganistán. Se podría entender que ambas cuestiones, la de las migraciones y la de la amenaza terrorista, al tratarse de realidades transnacionales, precisan de enfoques globales y coordinados. Pero, en el caso del Sahel, la coordinación no ha sido del todo un éxito y no ha logrado cohesionar a todos los países de la UE en un frente común, sino que, al contrario, ha fragilizado la unidad preexistente. Mientras Francia mantuvo posiciones de lucha contra el terrorismo buscando los aliados equivocados, al mismo tiempo que neutralizaba el terrorismo yihadista en el norte de Mali, el resto de los países de la Unión se centraron en desarrollar las capacidades y en ofrecer formación y equipamiento a las fuerzas locales dentro de un proceso de reforma del sector de la seguridad y de apoyo al desarrollo. Ahora, el enfoque de seguridad de la UE va de la mano del desarrollo, tal como sucedió con el control de las migraciones y su relación con las ayudas al desarrollo. Es evidente que lo que provoca esta altísima movilidad migratoria son los graves indicadores de precariedad social y económica, por lo que la ayuda al desarrollo debería enfocarse desde el mismo nivel que el control de las migraciones. Es decir, si entendemos que las revueltas insurgentes y la violencia radicalizada tienen una raíz socioeconómica, lo que debe atajarse primero es el problema de desarrollo para luego intentar reducir los niveles de violencia. Sin embargo, la ayuda al desarrollo, de la que es preciso destacar su transversalidad, está fuertemente instrumentalizada por los donantes y por los países donatarios y también se ve muy condicionada por la explotación de los recursos naturales. Lo trágico estriba en la actitud de los estados de normalización de la relación de dependencia con un norte al cual se le exigen cifras millonarias de dinero para, teóricamente, destinarlo a cuestiones relacionadas con la inseguridad alimentaria, género, educación o impacto climático, y que o bien no llega o no en condiciones óptimas a su pretendido destino en la mayoría de las ocasiones. Las consecuencias de esta mala distribución de las ayudas afectan severamente a la seguridad alimentaria de las poblaciones sahero-sahelianas que sufren un superávit demográfico, con una media de seis y siete hijos por mujer que los Estados difícilmente pueden y, en muchas ocasiones, tampoco quieren afrontar. No existen políticas destinadas a reducir la carestía de la vida, y existe una enorme falta de control y de instrumentos para la canalización de las ayudas, pervertidos ambos por las élites de los países objeto de estudio. La responsabilidad no reside solo en aquel que vende pobreza para lucrarse de ella, también hay que buscarla en el actor externo que ayuda con millones y millones de dólares a cambio de sacar tajada de los abundantes recursos naturales del área sahelo-sahariana. Lo cierto es que la ayuda al desarrollo forma parte de una maquinaria internacional que genera empleos tanto en los gobiernos donantes y donatarios como en las agencias humanitarias. Cierto es que su intervención contribuye a paliar las necesidades básicas de la población, pero estas ayudas están condicionadas a la posibilidad de expolio de las materias primas. En esta situación encontramos a Estados Unidos, el primero situado en la fila de los donantes, pero también aparecen donantes clásicos como Australia, Noruega y Dinamarca, Japón, China o Rusia. Estos dos últimos, en especial China, grandes depredadores de los recursos naturales que, como contrapartida en el caso de China, construyen universidades, puentes o carreteras. Si no fuera por su abundancia en materias primas y la necesidad de condicionar su explotación y exportación a las donaciones, probablemente el modelo de ayuda al desarrollo para África se abordaría de manera completamente distinta, de modo que se tuvieran en cuenta los nichos que precisan intervención en lugar de la tierra como un espacio de producción. Es decir, entregar semillas para cosechar en lugar de bolsas de dinero y, así, convertir a estos pueblos en sujetos autónomos con capacidad de autogestión económica y no en pedigüeños de la ayuda internacional. De nuevo, el interés está más en mantener a estos países en la casilla de los subdesarrollados que en ofrecerles verdaderas oportunidades.

La UE había relegado la participación en acciones militares de su modo de operar hasta que un poderoso miembro, Francia, se metió de lleno en el campo de la seguridad y el resto de países de la Unión reorganizaron sus planes para desplegar y poner en práctica mecanismos de estabilización en la zona de Mali. Entendamos aquí por estabilización a ir más allá de entrenar a los cuerpos y fuerzas de seguridad con objeto de reconstruir los ejércitos o refundar el corpus del aparato securitario de los países con características propias de estados fallidos y trabajar para apoyar la buena gobernanza, con la consolidación de un Estado de derecho y el desarrollo económico, de la nación y de la sociedad civil.

Esta forma de intervenir es lo que debería denominarse estabilización, pues evoca con claridad gran parte de la definición de la democracia. Sin embargo, esta manera de observar el sur global no es solo una visión ambiciosa, sino también una mala interpretación de las características esenciales de estos países, para los que la gobernanza pasa, por el momento, por recurrir a las armas y a la mesa negociadora. Mali es el ejemplo perfecto de esto último y así lo ilustran las olas insurgentes seguidas de procesos de negociación política que sirven para alcanzar ciclos de estabilidad, aunque entre fase y fase siempre se produzcan pérdidas humanas. Para los países del Sahel, las bajas forman parte de las dinámicas políticas y son inevitables. Para un país como España es impensable que sus nacionales mueran en misiones internacionales por solidaridad con un socio europeo con un fuerte pasado colonial. Ningún país de Europa puede permitirse una baja debido a la presión de su opinión pública. De modo que Europa dejó de hacer la guerra, pero no de enseñar a otros cómo se debe hacer.

Aunque el Sahel no es una zona directamente fronteriza con Europa, como pueda serlo el Magreb, lo cierto es que su nueva relevancia geoestratégica lo ha convertido en un vecino importante. La multitud de secuestros de europeos que tuvieron lugar en tierras del Sahel, además de proporcionar un nuevo y lucrativo negocio a los grupos insurgentes, transformó la perspectiva de la Unión Europea con respecto a esta nueva frontera sur. Los endebles gobiernos de los países del área y las condiciones de un espacio geográfico enorme en el que se sufren las consecuencias del cambio climático junto con otras formas de precariedad hicieron que cualquier modelo de negocio supusiera una alternativa a las ocupaciones tradicionales de la población de la región. Especialmente actividades que impliquen grandes cantidades de dinero rápido. Tras siglos de aprovechamiento de rutas comerciales y vías caravaneras, llegó al Sahel la moderna industria del turismo internacional. Junto a ella también apareció la industria de los rehenes (Mesa, 2022), que en solo diez años, entre 2003 y 2013, consiguió poner en marcha más de 100 operaciones, la mayoría secuestros de europeos, y que hizo rebosar las arcas de las élites sahelianas. Dinero relativamente fácil y relativamente rápido.

Un pequeño embrión del GSPC (Grupo Salafista por la Predicación y el Combate), la organización no estatal rival del poder militar de Argelia, se interesó rápidamente por aquel nuevo modelo de negocio que se le presentaba en tierras principalmente gestionadas por élites tribales. Las estrategias de rapiña y rescate forman parte de la estrategia de adaptación de estas poblaciones y responden a diversas tensiones sociales que se vieron acentuadas por la ruptura de los circuitos comerciales tradicionales. El espectacular secuestro de los 32 turistas europeos en la región de Ahaggar, al sur de Argelia, liderado por el famoso El Para (un paracaidista desertor del ejército argelino), alumbró la amenaza a la seguridad: viajar era repentinamente peligroso y los secuestros comprometían a los gobiernos occidentales a intervenir para obtener la libertad de sus rehenes.

El aumento de los secuestros llevados a cabo por la que más tarde se convertiría en AQMI (Al Qaeda en el Magreb

Islámico) dejó ver con absoluta claridad que el verdadero objetivo del secuestro era económico y no ideológico. Ello supuso que diversos países europeos, en especial, Alemania, Francia o España, ampliaran su cuerpo diplomático y los equipos de seguridad e inteligencia de sus embajadas. Hasta el momento, los cuerpos diplomáticos habían centrado su actividad en misiones de cooperación. Por lo que respecta a España, el liderazgo en términos diplomáticos residía en la Agencia Española de Cooperación Internacional, apoyada en una representación diplomática que se incrementó notablemente en 2009, tras el secuestro de Albert Vilalta, Roque Pascual y Alicia Gámez. Estos tres ciudadanos catalanes encabezaban una acción humanitaria y dirigían una caravana desde España hacia África. Llegados al norte de Mauritania, fueron atacados por mercenarios a sueldo de AQMI. Secuestros de este tipo obligaron a los estados europeos a establecer contactos con las autoridades locales para poder responder al nuevo problema de inseguridad. En este sentido, la primera estrategia global de Europa sobre el Sahel (2009) fue solo el comienzo de una carrera hacia la zona en la que aún no resonaban las botas militares, pero sí predominaba la idea de aplicar una política similar a la aplicada por Estados Unidos en Irak, basada en el principio básico de «por, con y a través de». Esta estrategia consistía principalmente en llevar a cabo operaciones de estabilidad por, con y a través de sus socios en las fuerzas iraquíes. «Nuestros esfuerzos combinados establecerán una capa de defensa mientras los iraquíes aseguran las ciudades. Nuestras fuerzas de combate, en asociación con las fuerzas de seguridad iraquíes, asegurarán los cinturones y las fronteras en un intento de eliminar los refugios y santuarios y de limitar la libertad de movimientos de los insurgentes e impedir la facilitación de combatientes extranjeros a través de las fronteras», anunciaron desde la administración norteamericana. Esta táctica, que Estados Unidos ha practicado en sus bastiones de securitización, no ha sido aplicada por Europa en su totalidad. Francia intervino de manera unilateral, sin llevar consigo al terreno a las fuerzas locales, a las que discriminó del campo de batalla. No obstante, más allá de lo que Francia hiciera, lo cierto es que Europa redefinió su enfoque securitario en África, apostando no solo por la formación de las fuerzas locales en el Sahel, sino por la buena gobernanza, poniendo una atención especial al papel de la sociedad civil y a una dimensión civil en la resolución de crisis. El «por, con y a través de» también implica un conjunto de prácticas más complejas, a saber, el apoyo a las fuerzas de seguridad gubernamentales para que no solo lleven a cabo operaciones de defensa y antiterroristas, sino que sean también responsables de la protección de los civiles y, más en general, de la buena gobernanza.

En un discurso muy aleccionador pronunciado en agosto de 2022, el jefe de la diplomacia de la UE, Josep Borrell, declaró que:

> El [...] problema es la falta de claridad de los objetivos y el «desvío de la misión». Ya es difícil tener éxito en este tipo de intervenciones exteriores, pero si no tenemos claros cuáles son los objetivos, el fracaso está casi cocinado. En Afganistán, lo que empezó como una operación limitada para acabar con el gobierno de los talibanes que habían dado cobijo a Al Qaeda —es decir, una operación antiterrorista— se transformó en una operación de «construcción del Estado» mucho más amplia y ambiciosa, para construir un gobierno afgano de base amplia y responsable que diera un salto cualitativo y defendiera las libertades civiles. La primera parte del objetivo se cumplió, pero la segunda fue un fiasco. De hecho, los actores militares externos que traían equipos sofisticados y sus propios valores culturales fueron incapaces de *cortocircuitar* la historia y entregar un gobierno que de alguna manera respetara las normas internacionales, pero que también se adaptara a las condiciones locales y culturales.

En lo que respecta a Europa y el Sahel, Borrell trató de redefinir el enfoque securitario, que no solo debía practicar el *hard power* de ataque al enemigo, sino reforzar otros actores de la sociedad y apoyar a las instituciones nativas hacia niveles más altos de gobernanza. Todo eso resulta muy atractivo sobre el papel, pero, en el terreno, la complejidad es mucho más abrupta.

No obstante, los países miembros de la UE ya tenían muy claro la necesidad de participar en programas únicamente de «salud militar», que habían quedado en manos del gigante americano. El repliegue de Estados Unidos y la entrada por la puerta grande de Francia, a través de las operaciones de sus fuerzas especiales, abrieron nuevas ventanas de oportunidad al conjunto de Europa, que priorizó sobre la estricta seguridad para avanzar en otros ámbitos. La mayoría de las fuerzas especiales europeas en el Sahel se han dedicado a programas de formación y equipamiento, pero sin acompañar a las tropas en combate. Ya hemos examinado la doble propuesta europea, por una parte, con vigilancia aérea (mediante el uso de drones), y por otra, sobre el terreno, ofreciendo formación policial y militar. Los esfuerzos europeos de estabilización en el Sahel ejemplifican la amplia estrategia hacia su nueva frontera sur, entablando así una relación más directa con los países de la región, porque el envío de personal especializado al Sahel garantiza una situación de *win-win* para todos los implicados.

Los actores externos cambian o deberían cambiar su perspectiva sobre el sur, de modo que se permitan abarcar el abanico de «posibilidades y factores» que explican la complejidad del espacio sahero-saheliano, que bascula entre el valor de la tierra y su actividad económica. Son países que se separan del yihadismo clásico. Tras la retirada de Francia, la labor de todos estos años de acompañamiento de fuerzas locales por parte de otros países europeos corre el riesgo de desbaratarse. Las críticas contra Francia han puesto en alerta al resto de Europa, lo que se traduce en un paso atrás en la reciente relación bilateral entre la Unión Europea y África, partiendo del Sahel.

Una vez Francia fuera, también ha salido el resto de países de la Unión y se ha congelado uno de sus instrumentos clave: las misiones de seguridad que se pusieron en marcha en 2013 (EUCAP Sahel Mali, EUCAP Sahel Níger y EUTM Mali), cuyos principales objetivos eran formación de cuadros policiales, el entrenamiento de batallones, diferentes gendarmerías y guardias nacionales para la lucha contra el terrorismo, el crimen organizado y la inmigración irregular. No obstante lo anterior, la presencia de Europa sobre el terreno no ha sido particularmente distinguida, de acuerdo con la percepción de los cuerpos y fuerzas de seguridad sahelianos y de la población en general. Aunque teóricamente no formaba parte de sus competencias, a los agentes europeos —por ejemplo, la EUCAP en Agadez— se les pedía una contribución en la reducción de los niveles de criminalidad, la disminución del tráfico de personas, de drogas o de armas. Los agentes de las fuerzas de seguridad europeos participaban de una política pública local de seguridad ciudadana, pero la población lo percibió como con el resto de los operadores securitarios: poca protección y una violencia descontrolada. La ineficiencia de los operadores de seguridad europeos coloca a Europa en un lugar incómodo dentro del tablero de la geopolítica, que, en el espacio saheliano, va mucho más allá de los mapas, las imágenes y los gráficos y debe ser definida por una disciplina que estudie las rivalidades y las luchas por la influencia y el control de los territorios, tal y como estamos viendo que actúan Europa, Estados Unidos, Francia, Rusia o China.

De forma explícita, Yves Lacoste desarrolla el concepto de geopolítica así: «[La geopolítica es] el estudio de los diferentes tipos de rivalidad por el poder sobre los territorios, donde el poder se mide según el potencial territorial interno y la capacidad para proyectarse fuera de este territorio y a distancias cada vez mayores». Pero más allá de la geopolítica vista como una rivalidad entre los Estados por el control de territorios, en este caso intervienen otros actores que extraen la exclusividad estatal del juego geopolítico. Nos referimos a los individuos, los movimientos de protesta, las ONG, las empresas privadas e incluso los grupos armados no estatales que participan en el control territorial y se esfuerzan por representarlo de alguna manera.

CRÍTICAS A LA ESTRATEGIA DE LA UNIÓN EUROPEA

La nueva política de seguridad de la UE en África y concretamente en el Sahel, a pesar de los grandes esfuerzos y la vocación por la estabilidad en la vecindad del sur, no fraguó. El balance que hacen las poblaciones locales es malo debido a la desconexión entre las aspiraciones de los ciudadanos y los programas implementados. Europa no ha respondido a los servicios básicos, tampoco consiguió reducir los niveles de corrupción y menos aún reducir los niveles de violencia. El envío de tropas europeas, salvo Francia, fue una demostración de solidaridad con los pueblos africanos y sobre todo con el liderazgo francés, pero Europa no quería ver a sus militares muertos. El enfoque era de riesgo cero para sus ejércitos. La debilidad de Europa y particularmente de Francia fue la ventana de oportunidad para la entrada de Rusia en una región cuyos países, aun teniendo los indicadores socioeconómicos más bajos del mundo, son de los más ricos en petróleo y minerales. Solo teniendo en cuenta los recursos naturales que atesora el Sahel y los grandes y nuevos poderes del mundo que corren detrás de ellos, Europa debe reforzar su presencia en la región. También debe hacerlo a causa del aumento de los movimientos migratorios desde la desintegración del régimen libio en 2011 y las revueltas armadas de 2012 en el norte de Mali, que se han extendido a otras naciones del Sahel. Las violentas rebeliones de grupos afiliados a Al Qaeda o el mal llamado Estado Islámico y las luchas por el poder entre las diferentes élites político-militares en las regiones principales de Libia han servido de multiplicadores de las migraciones, amplificando así las preocupaciones de Europa. Una vez más, las migraciones, el terrorismo o el crimen organizado son *nichos* a través de los que establecer relaciones de poder con potencias rivales.

La geopolítica, como acabamos de ver, explora las múltiples prácticas y representaciones de una gran variedad de territorios. Estas prácticas y representaciones caen bajo la órbita de estudio de la geopolítica crítica que analiza las relaciones de poder presentes en los enunciados políticos, que incluyen expresiones como «la extensión de la democracia» en el mundo y «la extensión de los mercados libres». En el contexto del Sahel, la reorganización y la inclusión geográfica del territorio en el contexto de la guerra contra el terrorismo sirven para justificar prácticas de emergencia y de excepción. Fue alegando estos motivos la razón por la que intervino Francia en la zona, actuando como líder de la Unión Europea en la lucha contra el terrorismo en una coyuntura de emergencia, cuando la organización de Ansar Dine, liderada por Iyad Ag Ghali, amenazó con avanzar con sus hombres desde Kona (en el centro de Mali) hasta Bamako (la capital maliense). Francia y el conjunto de Europa adoptaron las narrativas de securitización que pusieron de relieve la importancia geopolítica de la región. El espacio saheliano ha sido y sigue siendo muy atractivo para crear situaciones de urgencia que impliquen intervenciones internacionales o regionales *ad hoc*. Lo hemos visto con las llamadas crisis migratorias, el terrorismo africano de los últimos tiempos y las consecuencias recientes del cambio climático, que constituyen las amenazas de mañana y mantienen la legitimidad de los actores extranjeros para intervenir en el espacio saheliano.

Todos los fenómenos señalados son parte de la representación del Sahel como «zona de peligro» e inseguridad que ha permitido construir los distintos discursos de securitización. Fue aludiendo a este tipo de narrativas como Europa tildó al Sahel como la nueva frontera sur de Europa, porque la seguridad en el Sahel es la seguridad de Europa. Este lenguaje, repetido en Bruselas, ha calado en los actores de la seguridad internacional, consolidando el espacio saheliano como un lugar de construcción de amenazas de diferente índole. No hay relato sin parte de discurso de peligro, riesgo o desafío.

Como enuncian las teorías de la escuela de Copenhague (Buzan *et. al.*, 1998), las estrategias de securitización designan un problema determinado como una amenaza para la seguridad internacional, por lo que el *asunto* se extrae de las reglas normales de la política internacional y permite que las élites tomen medidas extraordinarias, como pueda ser una intervención fuera de las fronteras soberanas del país que alerta de dónde, cuándo y cómo securitizar. El ejemplo que mejor ilustra los estudios de securitización lo podemos observar en Mali, el país de los antiguos nómadas, atravesado hoy por diferentes tipos de violencia, víctima del impacto del cambio climático, las realidades migratorias y de pandemias que atacan la salud global. Todos estos asuntos han determinado la visión que el norte tiene del sur, y haya terminado por aplicar en el Sahel la política que parecía más coherente debido a sus conexiones con el norte de África y, por tanto, con Europa.

Para concluir, la razón esgrimida por los liderazgos europeos para instalarse en el Sahel (más allá de la ayuda humanitaria), en 2012, aprovechando la entrada de Francia en esa misma zona, fue la existencia de un lugar inhóspito en el que campaban libremente traficantes de todo tipo y teóricos terroristas. Tras la entrada de las tropas francesas con Serval, el resto de socios europeos acordaron entrar también en Mali, esgrimiendo una batería de propuestas militares para refundar el ejército maliense. Esto fue la antesala de lo que luego se extrapoló a tantos otros escenarios del corredor del Sahel. Los batallones europeos (que contaron con una altísima participación de España) han ido llegando anualmente durante la última década a la base militar de Koulikoro y el centro de mando se instaló en un hotel en Bamako, la capital de Mali, que pasó de ofrecer habitaciones a turistas a reunir a la inteligencia militar de la Unión Europea. No fue el único hotel que se transformó en un *hub* de seguridad. A pocos kilómetros de Nord-Sud (el hotel del cuartel general de la misión EUTM), otro hotel, l'Amitié, se volvió en el *hub* de la misión internacional de la MINUSMA.

El espacio urbano maliense cambió de un día a otro, las fuerzas europeas de EUTM vestidos de uniforme empezaron a formar parte del paisaje de Bamako en un contexto de necesidad y urgencia securitaria. Y ello a pesar de que el problema no se concentraba en el sur sino en el norte, en donde solo los franceses libraban, *a priori*, la guerra contra la insurgencia. Más de diez años después se han constatado las limitaciones de la guerra de Francia, que se circunscribió a atacar las posiciones de las *katibas* (bases) yihadistas que, una vez que los rebeldes secesionistas se recolocaron territorialmente, regresaron a su campo de actuación en Azawad. Francia no ha hecho la guerra contra la insurgencia, solo la neutralizó. Y el resto de los países europeos han simulado la guerra con unos soldados sahelianos con los que han estrechado lazos importantes y a los que las fuerzas europeas formaron para que, en algún momento, se lanzaran solos al ruedo de la guerra. Pese a los grandes esfuerzos militares y económicos de Europa, la situación securitaria no mejoró, las fuerzas locales no lograron mantener la paz y la seguridad en las áreas rurales. Todo ello permitió la continuidad de la violencia y su agravamiento. Al conjunto de Europa no le ayudó la visión arrogante que de Francia se ha tenido durante todos estos años de presencia armada, además de ser vista como una antigua potencia colonial que nunca se fue realmente.

Las fuerzas armadas malienses, que no tienen capacidad para entrar en solitario en guerra, se enfrentan, desde septiembre de 2023, a los grupos armados del norte de Mali porque una fuerza internacional paramilitar les abre antes camino por aire y tierra. De lo contrario, ni siquiera se plantearían una guerra. La Unión Europea, consciente de que los cuerpos y fuerzas de seguridad sahelianos necesitan de una formación permanente, se resiste a abandonar el continente africano a pesar de la crisis abierta con Francia. Pero por solidaridad con un país miembro han debido renunciar a los programas de formación militar que llevaban a cabo, replicando así el fracaso de Estados Unidos y de Francia.

LA DESINTEGRACIÓN DEL G5 SAHEL: UN *SHOCK* PARA OCCIDENTE

La decisión de Europa de transferir la seguridad a los poderes africanos se adoptó después de que Francia enviara sus tropas al Sahel para combatir contra el terrorismo. Los gobiernos de cinco países sahelianos, Mali, Burkina Faso, Níger, Mauritania y Chad, pusieron a disposición sus ejércitos para constituir un mecanismo securitario que llevó por nombre el G5 Sahel, cuya finalidad fue la de emancipar a las tropas africanas, dotarlas de medios y formación para apropiarse *a priori* de su soberanía securitaria.

Primer error: El presidente francés Emmanuel Macron se apropió del discurso soberanista en el campo de la seguridad y protagonizó el liderazgo de un instrumento regional securitario, el G5 Sahel, que tenía voz propia, pero Francia se la impidió. Las decisiones de la seguridad con respecto al Sahel se tomaban en el Elíseo. El encuentro de los jefes de Estado del G5 Sahel se celebró en París y la voz cantante la llevó el Estado francés durante toda la cumbre. Macron recuperó su retórica de «la consolidación de los Estados, de la premura para la vuelta de los Estados a las zonas y a todas las regiones que cayeron en manos de los grupos armados», pero estas palabras fueron pronunciadas en un momento en que esos Estados, sobre todo Mali, ya habían perdido claramente el control de la parte septentrional de su territorio (la región de Azawad) con la anuencia de Francia.

Segundo error: Durante el despliegue de la operación Serval (que luego se rebautizó Barkhane), las tropas francesas se alinearon con una parte de la insurgencia armada (el Movimiento Nacional para la Liberación de Azawad) que, si bien no enarbolaba la bandera de la yihad, sí tenía planes soberanistas territoriales para el norte de Mali que colisionaban directamente con la construcción del Estado nación de Mali. En otras palabras, Francia se apoyó para luchar contra los yihadistas en las filas rebeldes secesionistas, lo que levantó la desconfianza de las instituciones malienses. Este alineamiento fue el germen de la crisis que surgiría años más tarde entre ambos países hasta romperse totalmente la relación. Eso sí, la insurgencia secesionista no logró legitimarse solo con el apoyo de Francia, lo consiguió también gracias a la mediación internacional liderada por la ONU y otros actores regionales e internacionales que financiaron el proceso de paz. El diálogo entre el Estado maliense y los rebeldes secesionistas vino impuesto por la Comunidad Internacional. Para los insurgentes del independentismo, la tregua ha sido una forma de ganar tiempo para progresar en sus aspiraciones independentistas.

El nuevo golpe militar en 2020, meses más tarde, fue un intento del eje militar profrancés de restaurar la alianza de Mali, pero puso en cuestión la política exterior europea de reconstrucción del Estado maliense. La UE chocó con un nuevo gobierno ilegítimo de Goïta que avanzó hacia actitudes más autocráticas. El problema más urgente, entonces, no era la ausencia de programas de desarrollo en marcha o la incapacidad estatal para defender su soberanía territorial y con ella la necesidad de dotarlo de apoyo militar para lograr alcanzar la paz ante la revuelta de los grupos armados; a las amenazas del crimen y del terrorismo que fragilizaron al estado maliense y sus vecinos, se sumó un conflicto institucional con su socio europeo a causa de uno solo de sus miembros: Francia. La profunda crisis desatada en Mali debería hacer pensar a la Unión Europea sobre las causas subyacentes de la misma, empezando por la permisividad con el estado francés al dejarle adoptar un lugar preponderante en el espacio saheliano por razones obviamente coloniales.

La mediación internacional contribuyó a que el Estado maliense comenzara a perder el control de su territorio a pesar de la presencia del ejército francés y de los nuevos operadores, como Takuba o la Alianza del Sahel, que seguían participando del proceso de securitización. Y todo ello a pesar de la existencia del G5 Sahel, cuyas fuerzas armadas conjuntas sumaban más de cuatro mil efectivos, que, teóricamente, habían sido desplegados para luchar exclusivamente contra el yihadismo. Solo unos meses después del discurso de Macron, en el que emplazaba a los presidentes de los cinco países del G5 a organizar reuniones semestrales con el fin de examinar la evolución de las amenazas, empezaron a sucederse las primeras asonadas militares en 2020. Los presidentes de Mali, Níger y Burkina Faso fucron destituidos por militares entre 2020 y 2023 y los tres decidieron romper con todo el enjambre securitario occidental y con la propia organización del G5 Sahel, que tampoco dio resultados. Nunca fue más allá de una cooperación militar limitada; de hecho, sobre el terreno no hubo intervenciones conjuntas. Los tres países golpistas se retiraron del G5 Sahel alegando que era una herramienta respaldada por Occidente (Francia, Alemania y otros países europeos habían ayudado y cofinanciado el G5 Sahel). En su lugar, los tres países han constituido la Alianza de los Estados del Sahel, que va más allá de la cooperación militar y trata de abarcar todos los campos. De momento, la AES parece más una herramienta para fomentar el sentimiento antioccidental y antifrancés y, por lo tanto, desviar la atención de la falta de estrategia entre los tres miembros. Los tres países desertores del G5 Sahel dejaron de confiar en las fuerzas extranjeras occidentales. No obstante, los resultados apenas se sintieron en la región, teniendo en cuenta la idiosincrasia de los ejércitos sahelianos, que sufren no tanto un problema securitario como de gobernanza.

La gobernanza en la región del Sahel ha estado históricamente marcada por una serie de desafíos estructurales. Más allá del legado colonial que pesa aún sobre las relaciones de poder entre los diferentes grupos étnicos, los ejércitos del Sahel han sufrido problemas de financiación, nepotismo, corrupción, una formación muy pobre y pésimos salarios. Esta dinámica se acentuó en la década de los años noventa, etapa durante la cual parecía que los problemas de la rebelión tuareg podían solucionarse mediante negociaciones políticas y ofertas de prebendas para los insurgentes. Siendo como es la realidad saheliana, una realidad en constante movilidad, con dinámicas internas siempre muy cambiantes, el problema no acababa sino de empezar.

G5 Sahel, estructura regional intergubernamental creada en 2014 para coordinar políticas de desarrollo y seguridad en África Occidental.

El estado *de facto* de Azawad: Como resultado del incremento del tráfico ilegal y de la industria de los secuestros, los grupos insurgentes entraron en la década del 2000 con mucha más fuerza. La etapa posterior estuvo marcada por la desintegración del régimen de Muammar el Gadafi y la liberación de las armas de las *katibas* libias, muchas de las cuales quedaron en manos de los tuaregs libios que emprendieron el retorno a Azawad (el norte de Mali), el santuario político de una comunidad que no es únicamente tuareg y es aún menos mayoritaria. Lo que empezó como una ilusión tuareg de antaño se convirtió en una realidad en 2012, cuando los actores armados secesionistas y yihadistas (todos azawadíes) ocuparon el norte de Mali. Hasta ese momento, el Estado maliense seguramente no fue consciente del cambio generacional entre la población tuareg y árabe y del peso militar que sus enemigos secesionistas habían adquirido con el paso del tiempo, durante todos los años de relativa tregua. Europa aún no había comprendido que la formación que impartiría a las tropas locales estaba marcada por la cuestión territorial.

En el norte, la población reclama tener una representación equilibrada de su propia comunidad en los cuerpos y fuerzas de seguridad, ya sean los tuaregs, árabes o peuls (cuya historia se vincula con las actividades económicas ganaderas), y, en el sur, la población se siente representada por las fuerzas bambaras, por ejemplo. Este problema de representatividad identitaria explica por qué, en 2021, tantos soldados desertaron para unirse a las filas rebeldes. Aun integrados en instituciones estatales, estos soldados se identifican en primer término con las élites de su región y no se sienten representados por el Estado. La diversidad étnica y tribal unida a la voluntad de control, de ostentar el poder, ha dificultado la creación de ejércitos nacionales y es aquí donde reside parte del desafío de la gobernanza, no así de la seguridad. Por ello, es muy difícil regenerar los cuerpos y fuerzas de seguridad o pensar en la refundación de los ejércitos y todavía más mientras los soldados se sientan desamparados económicamente. Resulta muy difícil para un soldado maliense albergar un profundo sentimiento hacia su nación y avanzar patrióticamente en un despliegue en zonas ocupadas por grupos insurgentes sabiendo que, en el caso de que pierda la vida, su familia quedará desprovista de recursos. La conciencia patriótica necesita un compromiso económico por parte del Estado hacia las familias que pierden a sus maridos o hijos en la guerra. La vocación militar necesita del acicate de la promesa económica. Este compromiso forma parte de la estrategia de las élites armadas insurgentes para mantener vivo el espíritu de la lucha y un extremo que también deberían abordar los estados centrales para alcanzar una mejor gobernanza. Los funcionarios europeos no han insistido sobre este punto en su estrategia de formación y capacitación, lo que ha llevado a que el G5 Sahel nazca ya sin esperanza de vida. Los poderes públicos deben, en primer término, gobernar y, luego, garantizar la seguridad de sus gobernados. En este sentido, el enfoque francés resultó limitado debido a su aproximación técnica a la hora de orientar la formación de los soldados del G5 Sahel. Tal vez sea por todo lo anterior que la Fuerza Conjunta del G5 Sahel ha resultado un fracaso y su supervivencia es cuestionable, ya que su existencia ha consistido en una serie de constantes fracasos militares. Además, Mali, la fuente de todos los males del Sahel, se retiró del G5 tras su crisis con Francia. Con todo ello, es fácil pensar en el G5 como un mecanismo más de la geopolítica regional que durante unos años dio credibilidad al discurso francés de transferencia securitaria desde el norte hacia el sur global, porque no es políticamente correcto liderar la gestión de la seguridad africana desde fuera. Esta situación supondría una lacra en la imagen de un país como Francia al situarla en un nuevo proceso de dominio poscolonial. Por ello, era prioritario brindar el protagonismo de la seguridad a los actores regionales, independientemente de los resultados que, finalmente, han sido todos negativos.

El equipo técnico del G5 Sahel, basado en Nuakchot (la capital de Mauritania), considera que, a pesar de todo, se trata de un instrumento con futuro y que la crisis abierta por la salida de Mali podría reconducirse. Sus esperanzas residen en el regreso de Mali en un futuro, dado que su problema era de índole institucional y con Francia, pero no con las tareas propias del G5 Sahel. Los civiles y militares de la institución temen que los donantes dejen de creer en la Fuerza Conjunta, pues el G5 ha creado, pese a todas sus fisuras, empleo bien remunerado. Mauritania es el único país que no ha desplegado efectivos militares en las fronteras de Liptako-Gourma (el corazón del Sahel) y no lo harán en el futuro porque es un conflicto que no les atañe directamente y que enfrenta a grupos étnicos pertenecientes a unas fronteras que no son las suyas. Por ello, ¿por qué intervenir en un espacio territorial disputado por el GSIM (creado en 2017) y la organización de Al Qaeda en la que se integran Ansar Dine y el FLM junto con los rescoldos de Al Mourabitoun? Estas dos organizaciones se enfrentan en la frontera entre Níger y Mali, en lugares estratégicos por sus puntos de agua, su pastoralismo o sus rutas comerciales. Ningún efectivo mauritano arriesgará su vida por un espacio que no forma parte de su área de interés y en donde, además, la cuestión racial tiene un peso importante. Pensar en una intervención de las tribus árabes mauritanas en defensa de estados de población mayoritariamente negra no es viable, por lo que, seguramente, sería necesario incluso repensar la participación de estados que forman parte del G5 Sahel. El papel de Mauritania es puramente administrativo y, aunque apenas se genera burocracia, lo esencial es afianzar Nuakchot como centro neurálgico del Sahel y situarla geopolíticamente en la región del Sahel. A pesar de que Argelia ha tenido un histórico papel de mediadora en el «conflicto tuareg» y, en especial, tras la última crisis surgida en 2012, y de que Marruecos haya ejercido el papel de mediación religiosa mediante la formación de ulemas e imanes del Sahel, ¿por qué no concederle a Mauritania un protagonismo especial en la crisis del Sahel? Los mauritanos del G5 Sahel piensan que la vida o la muerte de la institución no debe depender de Europa, pero la realidad es que es esta la que lo sostiene económicamente. En 2018, durante la Conferencia Internacional sobre Seguridad y Desarrollo en el Sahel celebrada en Bruselas, se acordó la movilización por parte de la UE de otros 100 millones de euros que se sumaron a los 300 millones ya destinados a este objetivo. Con este presupuesto añadido se pretendía hacer operacional la Fuerza Conjunta del G5 Sahel, pues se consideraba que el escollo estaba en la escasez de medios financieros. En este sentido, además de lo aportado por la UE, Francia aportó nueve millones de euros adicionales y Arabia Saudí y los Emiratos Árabes Unidos participaron también con 300 millones de euros. De haber entrado todos esos fondos, extremo sin confirmar por los actores en conflicto, tendría que haber sido posible crear ejércitos apoyados en tecnología punta y con un adiestramiento de élite, pero la realidad es que, sobre el terreno, se sucedieron las derrotas. El G5 no ha funcionado y tampoco se sabe a dónde ha ido a parar todo el dinero para su financiación. Este punto es esencial porque cuestiona la responsabilidad de la UE en su gestión exterior. Al cabo, no deja de ser dinero público destinado a una política pública disfuncional. A pesar de todo lo anterior, la UE ha seguido hablando de la promoción de la estabilización y así se menciona en numerosas ocasiones en su documento de estrategia para el Sahel de 2021. Una contribución verdaderamente eficaz de la UE es muy complicada cuando se opera en un panorama opaco en el que habría que destacar el trabajo de formación de las tropas nacionales como la única acción palpable y realista llevada a cabo bajo el paraguas de la EUTEM y de la EUCAP del resto de mecanismos securitarios en los que los países de la UE se han comprometido, como pueda serlo el G5 Sahel. La crisis en torno a este último debería obligar a los países miembros de la UE a repensar su concepto de estabilización y definir una nueva estrategia que haga especial énfasis en la prevención de los conflictos, la mediación y la consolidación de la paz. Este puede ser el momento adecuado para que Europa se siente con los estados sahelianos y pregunte a sus gobiernos en qué áreas sería preciso intervenir para ser realmente eficaces y cuáles son las concesiones que están dispuestos a hacer para que funcione alguna estrategia en materia de seguridad. Pero, de momento, toda la narrativa estabilizadora se expresa en lenguaje de securitización, excepto en lo referido a la formación de batallones. Solo en 2018 fue posible adiestrar a nueve de ellos, lo que se traduce en 9000 militares adscritos a la EUTEM a los que se ha entrenado para combatir, como lo están haciendo en la actualidad al lado de los paramilitares rusos.

LA EXPULSIÓN DE LA MISIÓN DE LA ONU

Estados Unidos, Francia, Europa... Todos ellos han adoptado aproximaciones inéditas de prevención e intervención securitaria que no han terminado de cuajar en la franja del Sahel. El último operador de mantenimiento de la paz nacido en el seno de Naciones Unidas en el mundo ha sido la MINUSMA, la Misión Multidimensional Integrada de

Estabilización de las Naciones Unidas en Mali, que, finalmente, al igual que el resto de mecanismos internacionales de seguridad, terminó por ser suspendido a petición del propio Mali. Una década de experiencia de los cascos azules, en una misión aprobada por el Consejo de Seguridad de Naciones Unidas en abril de 2013, cayó en saco roto. La decisión de suspender la MINUSMA suscitó una enorme oleada de críticas dentro y fuera de África debido a las consecuencias que una decisión de este tipo pudiera acarrear. Una salida prematura o mal gestionada podría suponer el aumento de la violencia contra la población civil, tal y como sucedió en Darfur (Sudán). Pero el caso de Mali es bien diferente; los grupos armados, ya sean secesionistas o yihadistas, conviven con los ciudadanos de las zonas sublevadas, todos ellos pertenecen a las mismas comunidades tribales, por lo que la eventual retirada de los cascos azules no afectaría a la integridad física de los ciudadanos. Lo que sí ha provocado un éxodo masivo hacia Mauritania desde las poblaciones del norte de Mali ha sido la ofensiva que desencadenó el ejército maliense con el apoyo de las fuerzas de Wagner, cuyos ataques arbitrarios representan un peligro muy real para la población de las principales regiones del centro y norte de Mali.

Con la retirada de la MINUSMA, no queda claro quién emprenderá en el futuro investigaciones creíbles e independientes sobre el respeto a los derechos humanos en un país en el que los abusos son generalizados, tanto por parte de los grupos armados como por las fuerzas gubernamentales, los combatientes externos o las milicias. Pese a ello, el papel de la misión internacional de defensa de los derechos humanos no interesa a las actuales autoridades malienses, que prefieren poner en marcha una ofensiva más centrada en el aspecto militar que en el derecho humanitario. Es ya demasiado tarde para enmendar los fallos de una misión que abandonó a toda prisa las principales ciudades del norte de Mali, dejándolas a merced de las fuerzas armadas malienses y los mercenarios rusos.

Cascos azules de la MINUSMA.

La MINUSMA desembarcó en Mali tras la llegada al país de la operación Serval (rebautizada Barkhane en 2013), un despliegue que, en 2012, cambió el paradigma de la seguridad para toda la región del Sahel. El principal objetivo de Naciones Unidas era la protección de los civiles, además de actuar como observador del proceso de paz iniciado entre los grupos armados y el Estado maliense. Ninguna de las dos misiones dio fruto. Y aunque los hubieran dado, su presencia en el territorio maliense impedía al régimen militar de Goïta la ofensiva que, junto con los rusos, tenía preparada para abordar la recuperación del norte de Mali. Así, las fuerzas de cascos azules se fueron retirando progresivamente durante los últimos meses de 2023, despejando el espacio a las fuerzas malienses y a los paramilitares de la Wagner.

Esta última misión de la ONU en el mundo, la MINUSMA, ha personalizado las críticas vertidas durante el último medio siglo sobre la efectividad real de las operaciones de mantenimiento de la paz (OMP) desplegadas por la Comunidad Internacional en zonas de conflicto. En la gestión de los conflictos, los agentes de mantenimiento de paz se han dividido entre los que han llevado a cabo tareas de prevención (primera etapa: *peace keeping*), conducción (la segunda etapa: *peace enforcement*) y consolidación de la paz (la tercera etapa: *peace making*) o la construcción de la paz (cuarta etapa: *peace building*). Estas últimas han perfeccionado la faceta multidimensional de la gestión de conflictos, al abarcar las tareas tradicionales de mantenimiento de la paz, desde la diplomacia preventiva o la mediación hasta la interposición de fuerzas entre partes enfrentadas, y también las labores de reforma del sector de seguridad, la observación y organización de elecciones, la reconstrucción de infraestructuras, la distribución de ayuda humanitaria, la reforma o constitución de sistemas judiciales y policiales o la organización de gobiernos ya sea estatal, regional o local. Como siempre, las buenas intenciones que muestra la Comunidad Internacional para instaurar paz y seguridad se desdibujan al examinar casos de estudio como el de Mali, en donde los más de 12.000 cascos azules procedentes de países europeos, como Alemania o Francia, y también africanos, como Níger o Gambia, han descubierto las múltiples limitaciones que estos programas adolecen sobre el terreno y que están relacionados con la naturaleza cambiante del conflicto por la aparición de elementos de corte yihadista que, a su vez, aparecen en los conflictos intercomunitarios. En países como Mali, donde la presencia combinada de diferentes tipos de conflictos y actores crea una red compleja que desafía las etiquetas simplistas como «el conflicto de Mali», la actuación de los cascos azules se ha complicado más. Los diversos teatros de guerra donde opera la ONU tienden a compartir características comunes, gobiernos fallidos, vastos territorios nacionales y países vecinos problemáticos. En el escenario maliense, la violencia surge en áreas «periféricas» en donde el Estado no puede ser eficaz, donde no ha estado o ha estado mal.

La fragmentación del conflicto maliense, al igual que sus actores, diversos, cambiantes, fruto de las alianzas oportunistas, han provocado la persistencia del conflicto. No sólo la naturaleza del conflicto interroga una operación de mantenimiento de la paz, la competencia entre las potencias mundiales desacredita el mantenimiento de la paz de la ONU, que ha evolucionado significativamente desde sus inicios en los años 90, con misiones cada vez más complejas y un mandato ampliado más allá de la mera supervisión de los acuerdos de paz. La Misión Multidimensional Integrada de Estabilización de las Naciones Unidas en Mali (MINUSMA) es un ejemplo de estas misiones contemporáneas, enfocada en tareas con la protección de civiles, el apoyo a la gobernanza y la estabilización del país. La abstención de China y Rusia en la votación para la extensión del mandato de la MINUSMA en 2022 refleja las rivalidades entre los grandes poderes, dentro del Consejo de Seguridad de la ONU.

La Misión de la Organización de las Naciones Unidas para la Estabilización en la República Democrática del Congo.

Estas tensiones se manifiestan cuando las grandes potencias chocan sobre cuestiones geopolíticas, lo que a menudo se extiende a las operaciones de mantenimiento de la paz. La postura de China y Rusia, alineándose con las preocupaciones de Mali sobre la soberanía y la no injerencia, indica un cambio hacia un enfoque que prioriza la voluntad del gobierno anfitrión y una crítica a la influencia occidental en estas misiones. Estas dinámicas afectan las operaciones de mantenimiento de la paz en la dimensión de la legitimidad y las autoridades, porque, cuando las OMP cuentan con el respaldo unánime del Consejo de Seguridad, su legitimidad no queda cuestionada. Contrariamente, esto puede complicar la implementación de sus mandatos y limitar su capacidad para actuar de manera efectiva. También afecta la soberanía de los Estados porque los gobiernos, en este caso el de Mali, pueden percibir una misión de Naciones Unidas como una infracción a su soberanía, especialmente si creen que hay intereses extranjeros detrás de las acciones de las misiones. Sin duda, el mantenimiento de la paz se vuelve más difícil cuando se entrelaza con la política internacional y las misiones se convierten en escenarios de disputas entre grandes potencias. Así, la MINUSMA en Mali ha reflejado la escalada de tensiones entre los miembros permanentes del CS desde los conflictos en Siria y Libia en 2011, situación agravada con la invasión rusa de Ucrania en 2022, que afecta al Sahel central. Las tres fronteras de Liptako-Gourma que representan el Sahel central ilustran las fracturas entre Occidente y el polo del sur global tras la retirada de los efectivos que representan los juegos de poder. El escenario saheliano ha quedado bajo dominio ruso. El mantenimiento de la paz se ha alejado progresivamente de la ideología liberal para centrarse en el acompañamiento político, la mediación imparcial por un tercero, la estabilidad y la asistencia técnica, objetivos que son menos intrusivos y, por lo tanto, menos susceptibles a dirigir operaciones de mantenimiento de la paz de la ONU. La influencia de los estados no liberales plantea un problema, especialmente China, que es el país de los P5 que proporciona la mayor cantidad de tropas y es el quinto mayor contribuyente a las operaciones de paz de la ONU. En los sinuosos caminos de la geopolítica contemporánea, las operaciones de mantenimiento de la paz de las Naciones Unidas han trazado nuevas rutas, alejándose paulatinamente de la senda tradicional marcada por la ideología liberal. Hoy en día, el foco de estas operaciones se dirige más hacia el fomento de soluciones políticas sostenibles y medidas menos intrusivas, que reflejan un compromiso con la estabilidad a largo plazo y la asistencia técnica. La labor de la ONU en el ámbito de la paz ha madurado hacia la mediación imparcial (la imparcialidad ha sido objeto de duras críticas) y el acompañamiento político, dejando atrás intervenciones que alguna vez fueron percibidas como imperativas liberales.

En esta evolución, el gigante asiático, China, ha emergido como una figura central, tanto por su visión de un sistema internacional centrado en la soberanía como por su participación tangible en las operaciones de paz. Esta nación ha abrazado un modelo de mantenimiento de la paz que armoniza con sus principios de soberanía y no intervención. A pesar de que las operaciones de paz han ido adquiriendo mandatos más robustos y posturas ofensivas frente a conflictos complejos, China ha mostrado un apoyo significativo y ha desplegado tropas en misiones críticas como la MINUSMA y la UNMISS. Esto denota un cambio notable en su estrategia tradicional, abriendo nuevas vías de participación y apoyo.

La contribución china a las operaciones de paz de la ONU no es menor. Como segundo mayor contribuyente financiero y proveedor de personal entre los miembros permanentes del Consejo de Seguridad, China ha demostrado un compromiso considerable con la causa de la paz global. Esta participación no solo cumple con deberes internacionales, sino que también sirve a los intereses estratégicos de China. Al desplegar unidades en África, donde residen la mayoría de las misiones de paz, China alinea sus acciones de mantenimiento de la paz con sus intereses económicos y de seguridad en la región.

No obstante, el enfoque chino en el mantenimiento de la paz se caracteriza por una cautela reflexiva. China prefiere buscar consensos y es reticente a extender sus compromisos a teatros de alto riesgo. Occidente observa con inquietud la posibilidad de que China busque influir en la reestructuración de las misiones de paz para favorecer a líderes proclives a Pekín y alejarse de los enfoques tradicionales centrados en los derechos humanos y los procesos democráticos. Si bien las intenciones de China pueden ser mixtas y sujeto de debate, su influencia creciente es indiscutible.

La transformación en el paradigma de las operaciones de paz de la ONU, alejándose de las doctrinas liberales y adoptando enfoques pragmáticos y políticos, refleja una adaptación al cambiante paisaje de las relaciones internacionales y plantea tanto oportunidades como desafíos. Esta transición es un testamento de la voluntad de las naciones de navegar las complejidades de la diplomacia moderna, donde la paz es una meta común que requiere una sinfonía de estrategias, muchas veces disonantes, pero siempre necesarias.

La participación de China en la MINUSMA en Mali refleja una política exterior multifacética, donde la seguridad y los intereses estratégicos van de la mano. Mientras los cascos azules chinos contribuyen a la estabilidad y seguridad en el marco del mantenimiento de la paz, China persigue paralelamente una agenda de intereses económicos en Mali, especialmente en el sector minero, como el litio, esencial para su industria tecnológica. Así, la presencia de China en la MINUSMA facilitó la creación de un entorno estable que favorece sus ambiciones económicas y estratégicas en la región.

El principio de la imparcialidad de la ONU y sus consecuencias en Mali: Las limitaciones de cascos azules se hicieron especialmente evidentes cuando en 2016 y 2017 tuvieron lugar en Macina, en el centro de Mali, los ataques intracomunitarios más graves de la historia del país entre la comunidad peul y la comunidad dogon, dos tribus que han coexistido desde hace mucho tiempo en las regiones de Seeno-Manngo y Seeno-Gonndo del centro de Mali. La convivencia de ambas comunidades se remonta a la época precolonial, cuando los peuls, también conocidos como fulanis, fundaron el Imperio de Macina. Los peuls pastoreaban sus animales, pero también realizaban incursiones (razias) y convertían a los dogons en esclavos como un elemento más de su economía local. Los dogons, principalmente agricultores, cultivaban cereales, pero igualmente organizaban incursiones. Era una época de *raids* continuados en la que el más fuerte, en este caso el guerrero peul, cazaba al agricultor dogon para esclavizarlo. Esta relación de poder entre las dos comunidades dio lugar a una forma de vida común, a rituales compartidos en sus vidas cotidianas. Sin embargo, este pasado histórico no justifica la matanza actual, que muestra visos de estar instrumentalizada por el Estado. En mitad del inmenso océano de organizaciones secesionistas y yihadistas, también emergen grupos milicianos como los Dan nan Ambassago, de mayoría dogon, que fueron impulsados desde el propio Estado para ejecutar un proceso de limpieza étnica en contra de la comunidad peul, considerada como la nueva amenaza del Sahel. La matanza en la localidad peul de Ogossagou, en marzo de 2019, segó la vida de más de 150 personas en sólo un día. Cualquier dogon que renunciara a la lucha armada corría el riesgo de ser enjuiciado por el Estado como un propeul y su integridad física corría peligro, por lo que su única opción era huir del espacio de lucha armada intracomunitaria en el que no estaba presente ninguna fuerza nacional o internacional. La estrategia estatal de recurrir a grupos milicianos para contrarrestar la fuerza de la *katiba* peul ha producido, durante estos últimos años, el efecto contrario al deseado porque, ante las agresiones de los Dan nan Ambassago, los ciudadanos peuls han encontrado protección y refugio en el seno de una organización bien equipada y defensora de su propia identidad como lo es la *katiba*. Así es cómo se ha consolidado en la región de Macina el liderazgo de Amadou Koufa, jefe de la organización yihadista de Macina, encarnando un paraguas de protección para una población peul que percibe las fuerzas armadas malienses y sus brazos armados como una amenaza. La desconfianza es absoluta hacia el Estado por parte de ciudadanos peuls, convencidos de haber sufrido la marginación y la exclusión por parte de un Estado moderno calcado de la antigua potencia colonial, que les hurta cualquier posibilidad de ascender en la escala social. Limitados en sus posibilidades para acceder a una educación formal o al reclutamiento en la administración pública, los peuls se han sentido relegados por las estructuras estatales. Estructuras a las que se han dirigido para reclamar la continuidad de sus prácticas consuetudinarias y de sus estructuras sociales tradicionales, a las que se han seguido aferrando, desafiando el alistamiento en defensa y de seguridad o en el campo de la política. Las consecuencias de la manera en que se ha implantado el Estado moderno en el país pueden percibirse en el baile constante entre la tradición y la modernidad dentro de comunidades particulares, como la pullar que también se atribuyen el conocimiento religioso del islam, sentimiento con el que compiten con otras comunidades tribales. Se sienten defensores de una identidad religiosa, de un islam puro, porque ellos son los fundadores del Imperio Macina, también conocido como la Dina, que fue una teocracia de naturaleza peul y, quizás por ello, soportan el peso de la estigmatización del radicalismo religioso, hecho que los ha distanciado aún más del Estado laico y los ha impulsado a plantear la reivindicación de estructuras tradicionales basadas en la costumbre, la historia y la religión

La autora ha recogido numerosos testimonios de la comunidad dogon que explican la agenda del Estado maliense en aquellos años para realizar una ofensiva contra los peuls, la comunidad que integra las filas de organizaciones armadas como el Frente de Liberación de Macina (FLM). Lo cierto es que los cascos azules, inmersos en este tipo de conflicto intraestatal, de alta carga étnica, no pueden intervenir porque, de hacerlo, podrían estar violando su imparcialidad, que es la premisa indispensable de una operación de mantenimiento de la paz. Y aunque una resolución de Naciones Unidas para el escenario maliense permitiera el despliegue de fuerzas militares internacionales en aras de proteger a la ciudadanía, los cascos azules deben ser meros testigos del conflicto y solo pueden intervenir para neutralizar a grupos armados o milicias siempre y cuando se encuentren a tan solo 50 metros de distancia de las fuerzas internacionales y siempre y cuando un ataque se considere plausible, lo cual, en la práctica, es una ilusión. No es real.

Las acciones militares y humanitarias de la MINUSMA no han servido para estabilizar el escenario maliense, ni para promover la reconciliación nacional, aun siendo esto parte del objetivo, y menos aún para activar un acuerdo político en Azawad, cuya frágil tregua acabó rompiéndose en septiembre de 2023 con la consiguiente reanudación del conflicto armado. No ha habido reconstrucción de la paz porque volvió el uso de la fuerza armada, pero el operador de mantenimiento de la paz sí dejó tras de sí un modelo de negocio que empezó a despegar gracias a la herramienta del DDR, el programa de Desarme, Desmovilización y Reinserción previsto en el proceso de la Reforma del Sector de la Seguridad (RSS) que hizo que los insurgentes, mayoritariamente jóvenes desempleados, corriesen, a partir de 2015, a depositar un arma a cambio de dinero.

El salario por el alistamiento en el ejército empezó en 50.000 cefas al mes para los soldados. A sus líderes se les pagarían hasta 100.000 cefas. Aceptar el abandono de la violencia a cambio de integrarse en las instituciones malienses no es algo nuevo en el norte de Mali, que ha visto cómo tras cada estallido de violencia ha habido un depósito de armas e inserción en las instituciones estatales de los líderes insurgentes, que, una vez dentro de las instituciones, han continuado alentando el proyecto secesionista de Azawad. La carrera por el DDR condujo a sucesivos robos de armas y munición de las casernas militares porque la condición para que los insurgentes pudieran acceder al programa era probar la propiedad, o bien de un arma, o bien cierta cantidad de munición, razón por la cual las armas se adquirían de cualquier manera para así recibir las sumas de dinero procedentes del DDR.

El gobierno maliense, con la ayuda de la Comunidad Internacional, pagó una factura muy alta, pero sirvió para establecer más de una década de tregua que se tradujo en años de mantenimiento de un *statu quo* político entre los contendientes y que, finalmente, ha desembocado en una realidad factual de un nuevo estado dentro de Mali. Los grupos armados de la Plataforma y de la Coordinación (CMA) son organizaciones políticas que perviven siempre a la sombra de la violencia pese al acuerdo de paz. Esto es así porque el acuerdo solo era posible en los términos de un amplio federalismo para el norte de Mali, la región en disputa. Y, además, la actuación de la MINUSMA abonó el terreno para que los grupos armados mantuvieran su estatus de actor soberano al contar con un acuerdo de paz que implicaba una descentralización real. La supervivencia de la MINUSMA dependía de la aplicación de ese acuerdo, hecho que se esperaba como agua de mayo desde su aprobación en 2015. Al tiempo que el acuerdo levantaba enormes esperanzas entre los mediadores internacionales y, lógicamente, también entre los actores en litigio, despertaba un inmenso rechazo en otros tantos actores estatales que temían la desaparición del Estado maliense o, como mínimo, la pérdida de las regiones de Tombuctú, Gao, Kidal, Taoudeni y Menaka, gestionadas en la práctica por las élites insurgentes, de mayoría tuareg y árabe, que ostentaban el control de todos los negocios que fructifican en la región: narcotráfico y tráfico de mercancías ilícitas, armas o seres humanos.

En la actualidad, hay muy poco de ideología en el origen de las bandas insurgentes armadas, que, a diferencia del pasado, hoy actúan básicamente en contiendas privadas para depredar recursos económicos. Al no haber causas ideológicas subyacentes, es más fácil alcanzar un pacto en el que los recursos se sitúen encima del tablero. Los grupos armados actúan como predadores económicos, por lo que el alcance del acuerdo político se ve condicionado por el reparto de los recursos.

El acuerdo de paz se planteó como la única solución a un problema de gobernanza y descentralización y era la fórmula ideal para que los sublevados se hicieran cargo de su propio destino y pudieran apreciar, mediante este pacto, que su voz contaba también. El acuerdo, en este sentido, no era malo y, en cualquier caso, desde el punto de vista de la Comunidad Internacional era preferible un mal acuerdo que ninguno, pues lo que da sentido a las operaciones de mantenimiento de la paz es la propia paz. Sin embargo, el restablecimiento de la paz era y sigue siendo absurda para un Estado que no halla en ella ninguna ventaja política, sino más bien al contrario, un pacto de alto el fuego y un acuerdo político negociado y firmado con los actores armados suponía para el Estado la amenaza de la pérdida de soberanía y territorio. La mediación internacional contribuyó a que esto se hiciera realidad y a que las denominadas zonas fallidas (Azawad) terminaran siendo gobernadas por las organizaciones armadas, algo que también está ocurriendo al este de Mali, oeste de Níger y norte de Burkina Faso.

El descontento de la administración central con los términos del acuerdo de paz comenzó a proyectar a la opinión pública un discurso crítico con la manera en que la Comunidad Internacional gestionaba el conflicto. Más que mantener la paz a través de una diplomacia preventiva o la mediación y más allá de acompañar a la necesaria reforma del sector de la seguridad, los acuerdos de paz han sido un instrumento de empoderamiento para la insurgencia armada.

Las organizaciones internacionales y los estados que realizan este tipo de misiones internacionales tienen que desplegar, además de unidades militares, iniciativas del sector público y privado, en este último caso voluntariamente y, en muchas ocasiones, por iniciativa propia y de manera independiente, sin coordinación previa o sobre el terreno con la administración central, lo que no siempre resulta positivo. Así, se puede ver cómo contingentes militares desarrollan sus actividades propias u otras de seguridad para proporcionar un entorno estable trabajando junto a unidades policiales, sanitarios, expertos civiles en construcción, educación, justicia o gobierno favorables a la reconstrucción de instituciones o infraestructuras, para cimentar la paz y favorecer el desarrollo. El trasfondo de todo esto es, una vez más, la aparición de un modelo de negocio mediante la creación de cientos de empleos en un país golpeado por la violencia independentista y yihadista.

El G5 Sahel fracasó debido a la interferencia francesa, la desconfianza entre los países miembros, y los problemas estructurales de gobernanza en la región. La retirada de Mali y la formación de la AES reflejan un cambio hacia una mayor autonomía regional, aunque con resultados aún inciertos.

Los rivales de Occidente

Con las fuerzas hegemónicas occidentales fuera del Sahel, Rusia irrumpe en una región llena de frustraciones en materia de seguridad y gobiernos sin voluntad o capacidad para promover el desarrollo. El Kremlin ha aprovechado el declive del liderazgo occidental en África, especialmente debido a la creciente desconfianza hacia la política francesa entre los pueblos del Sahel, para diseñar su nuevo plan. Su estrategia para expandir al máximo su influencia en el continente africano a partir del espacio sahero-saheliano se está haciendo mediante una intervención militar indirecta. Ha recurrido al Grupo Wagner, una organización de mercenarios que, aunque aparentemente privada, está estrechamente vinculada al Kremlin. Este grupo viene desempeñando un papel significativo en varios conflictos africanos, incluyendo sus intervenciones en la República Centroafricana y Sudán. Su actividad en estas áreas ha sido objeto de constante vigilancia y especulación por parte de las potencias occidentales y los gobiernos africanos, preocupados por el potencial desestabilizador de este grupo. Los temores que han despertado la presencia de estos mercenarios no son infundados después de conocerse que la sucesión de los golpes militares en la región saheliana desde 2020, según varios informes y entrevistas realizadas por la autora, han sido orquestados en la sombra por actores externos como Wagner.

Este enfoque de Rusia en el Sahel se enmarca en una estrategia más amplia que busca consolidar su influencia geopolítica en el continente africano sin recurrir a costosos despliegues militares directos. A través de la «guerra por delegación», Moscú minimiza el riesgo político y diplomático que implicaría una intervención convencional, al mismo tiempo que maximiza su capacidad para remodelar el escenario político de la región en su beneficio. Esta estrategia se basa en el uso del *smart power* o poder inteligente, que combina el poder blando y el poder duro, es decir, alterna las operaciones militares con una amplia propuesta de desarrollo humano, lo que no ha hecho Europa durante la década de presencia en África. La inversión de los proyectos europeos como EUTM o EUCAP han sido estrictamente securitarios, discriminando proyectos de desarrollo para paliar, por ejemplo, la inseguridad alimentaria o mejorar las infraestructuras.

Los programas militares europeos, así como EUTM o EUCAP (véase el capítulo anterior), se han dedicado —o, al menos, lo han intentado— a renovar los ejércitos africanos, a sus cuerpos y fuerzas de seguridad y han levantado bases militares, pero se han olvidado de lo esencial: desarrollo. Europa no se lo ha puesto muy difícil a su principal rival, Rusia, que, además de firmar contratos de cooperación con los países del Sahel tras la debacle de Francia en la región y vender un cuantioso arsenal de material bélico y desplegar paramilitares sobre el terreno, se ha unido al conjunto de actores que están apoyando los países africanos en su desarrollo energético.

Rusia también se ha comprometido a colaborar con países ricos en minerales para construir una empresa de refinería de oro con capacidad, en el caso de Mali, de procesar unas doscientas toneladas de oro al año. El catálogo de promesas de Rusia incluye suministro de fertilizantes e hidrocarburos, la construcción de centrales nucleares para el desarrollo de la medicina, la agricultura y otros sectores, así como potenciar al máximo las energías renovables que abarcan todas las formas de energía verde, desde la energía solar y las presas hidroeléctricas hasta los parques eólicos.

Se trata, en definitiva, de hacer al Sahel más autónomo en su gestión del suministro de electricidad. Rusia también ha planteado la creación de una serie de escuelas de geología en la zona, la primera de ellas en Mali, y conceder becas de estudio para que los estudiantes puedan viajar a Rusia a estudiar y adquirir los conocimientos necesarios en materia de investigación geológica. La guinda ha sido la promesa de la construcción de dos líneas de tranvía en Bamako. Los horizontes son muy amplios en el Sahel y la alianza estratégica formada por Burkina Faso, Mali y Níger, los países del Sahel central, ha tomado nota de ello, alineándose con los enemigos de Occidente. En el ámbito económico y de seguridad ya se está produciendo un acercamiento ruso a Chad.

El *ranking* de los países africanos expuestos a las amenazas a la paz y la seguridad

Rank	Country	NI	Rank	Country	NI	Rank	Country	NI
136	Central African Republic	3.07	104	Djibouti	4.92	73	South Africa	5.66
135	Democratic Republic of the Congo	3.40	103	Mozambique	4.95	69	Madagascar	5.75
133	South Sudan	3.56	102	Eswatini	4.99	65	Benin	5.84
130	Mali	3.56	98	Zimbabwe	5.10	61	Tunisia	5.93
129	Somalia	3.62	97	Uganda	5.11	58	Liberia	6.01
128	Chad	3.73	96	Guinea-Bissau	5.13	57	Senegal	6.02
124	Ethiopia	4.26	95	Togo	5.14	56	Tanzania	6.05
123	Burundi	4.32	91	Cote d'Ivoire	5.22	48	Zambia	6.23
122	Cameroon	4.33	91	Mauritania	5.22	47	Morocco	6.24
120	Nigeria	4.37	88	Egypt	5.33	41	The Gambia	6.35
119	Niger	4.51	87	Kenya	5.38	34	Sierra Leone	6.46
117	Eritrea	4.54	85	Lesotho	5.43	33	Rwanda	6.48
114	Burkina Faso	4.75	83	Algeria	5.51	30	Malawi	6.60
111	Sudan	4.79	81	Equatorial Guinea	5.52	29	Botswana	6.61
109	Libya	4.83	80	Namibia	5.54	19	Ghana	7.01
107	Congo	4.86	77	Angola	5.59	11	Mauritius	7.45
106	Guinea	4.87	73	Gabon	5.66		World average	5.74

El Índice de Normandía, compilado por el Servicio de Investigación del Parlamento Europeo (EPRS), mide las amenazas a la paz, la seguridad y la democracia en todo el mundo. En el informe de julio de 2023, los países con posiciones más altas en la tabla (lo que indica puntuaciones más bajas en el Índice de Normandía) se consideran que tienen peores situaciones de seguridad.

EL PODER DURO RUSO Y LA DESINFORMACIÓN

La estrategia de Wagner en África se basa principalmente en dos pilares: la desinformación y la provisión de armas. Rusia ha emergido como el principal socio armamentístico en el África subsahariana en los últimos años, tejiendo una red de influencia a través de la militarización. Durante este período, participó en programas de entrenamiento de tropas y en una estrategia cimentada en el suministro de un arsenal variado y sofisticado: helicópteros de transporte y combate, sistemas antiaéreos, lanzamisiles, misiles anticarro y vehículos blindados. Estos elementos no solo fortalecen las capacidades defensivas de los países africanos, sino que también consolidan la presencia rusa en el continente, creando una dependencia estratégica que va más allá de lo meramente militar.

A través de campañas de desinformación, el Grupo Wagner busca ganar popularidad para sus estrategias militares de apoyo a los «estados intervenidos», financiándose mediante la explotación de minas y la incursión en sectores clave como el petróleo y el gas. Moscú aprovechó rápidamente su oportunidad tras años de preparación con campañas en redes sociales y una red de *influencers* que presentaban a Rusia como un socio más creíble para África. Esto incluyó la difusión de noticias falsas, como la afirmación de que Francia suministra armas a los yihadistas.

Estas afirmaciones ganaron aceptación debido a la incapacidad de Occidente para frenar la proliferación de organizaciones yihadistas y, especialmente, después de que una parte de la insurgencia armada en Mali lograra establecer un Estado *de facto* en el norte del país, a pesar de la presencia francesa. Esta situación alarmó a otros países africanos con problemas de insurgencias territoriales. Cuando Rusia entró en el África francófona, su principal misión era recuperar la parte territorial maliense bajo control insurgente. Además, esta misión debía llevarse a cabo con las fuerzas armadas malienses, con las que Francia no había contado durante su despliegue en el Sahel. Francia se lo puso fácil a Rusia.

El 25 de septiembre de 2021, el primer ministro de Mali, Choguel Maïga, acusó a Francia ante las Naciones Unidas de «rendirse en el aire» y de tomar «decisiones unilaterales». También criticó la duplicidad francesa en Kidal, refiriéndose a la doble agenda de luchar contra el terrorismo y apoyar al mismo tiempo a un sector de la insurgencia no yihadista. El apoyo de Francia al movimiento independentista fue el detonante para el cambio geopolítico, según los estados sahelianos. Para Mali y su gobierno en manos del coronel Assimi Goïta, la razón de ser de recurrir a las fuerzas rusas reside en la devolución de la integridad territorial al Estado, que se perdió aun contando con la presencia de las tropas occidentales entre los años 2012 y 2023. El sueño de un Estado para Azawad se borró y cualquier posibilidad a un acuerdo de paz se agotó. Lo tiene muy claro el nuevo presidente de la República, Goïta, cuya supervivencia política desde su golpe de Estado depende de la recuperación territorial de Azawad. Una vez más, tanto su legitimidad y continuidad en el poder como prolongación de la transición dependen del éxito de su intervención en el norte de Mali, que, a la hora de escribirse estas líneas, aún no augura con claridad un vencedor o un perdedor. Desde agosto de 2020, el presidente Assimi Goïta se presentó como un puño de hierro con capacidad de dignificar al ejército y los cuerpos y fuerzas de seguridad, dándoles un papel protagonista que los franceses no les dieron durante la operación Barkhane.

El ejército de Mali entró triunfante en Kidal, en septiembre de 2023, con el apoyo de más de 600 mercenarios de Wagner que formaron parte del vasto convoy que empezó su *conquista* territorial desde lugares de acceso relativamente más sencillos como Menaka o Gao hasta lograr la recuperación de Kidal, el símbolo de la causa tuareg y lugar en el que se ha engendrado la resistencia armada. Antes de la toma de Kidal, los hombres de Wagner se habían instalado en las antiguas bases de la operación Barkhane, desmantelada, como ya hemos visto, en agosto de 2022, en particular las de Gao, Tombuctú, Menaka y Gossi.

Pero si el Estado maliense fracasa en su ofensiva —como sucedió en Libia, cuando el mariscal Haftar recurrió a 1200 mercenarios rusos para hacerse con la capital, Trípoli, durante la guerra de 2021—, se abren nuevos escenarios para Mali.

Desde una contestación popular avivada por la sociedad civil y líderes religiosos influyentes en el país como Mahamoud Diko, el imán que más gente ha reunido en la capital bamakí con el resultado de un nuevo golpe de Estado, hasta la recuperación de las relaciones diplomáticas con Francia, que permitiría recolocar al eje Europa-Occidente en la región del Sahel. La movilización social sentó a Goïta en la poltrona y la misma movilización podría desalojarlo. Todo dependerá de la evolución de los acontecimientos en Azawad.

Rusos mercenarios proporcionando seguridad al presidente de la República Central de África.

El resultado de los cambios geopolíticos es que la gobernanza securitaria ha pasado del control francés al de Vladímir Putin, quien ha diseñado una estructura de seguridad para África denominada Africa Corps. Consiste en el nuevo brazo armado de algunos Estados africanos, cuyo principal encargo es el entrenamiento y la asesoría en el campo de batalla, además de manejar drones de fabricación turca en Mali, Níger y Burkina Faso, los tres países que han formado la nueva Alianza de Estados del Sahel (AES), destinada a cambiar los equilibrios regionales.

La alianza de defensa colectiva entre Níger, Mali y Burkina Faso se fraguó en septiembre de 2023 con la firma de la Carta Liptako-Gourma en el Palacio Koulouba, que ha servido para proteger su soberanía desde una perspectiva panafricana. Los líderes militares, el coronel Assimi Goïta en Mali, el capitán Ibrahim Traoré en Burkina Faso y el general Abdourahamane Tchiani en Níger, emitieron una declaración conjunta sobre la necesidad de construir un Sahel pacífico, próspero y unido: «Por la soberanía y el desarrollo de nuestros pueblos, lideraremos la lucha contra el terrorismo en nuestro espacio común, hasta la victoria», afirmó contundente el capitán burkinabé Ibrahim Traoré.

Cualquier ataque contra la soberanía e integridad territorial de una parte contratante se considerará una agresión contra las otras partes, desencadenando el deber de prestar asistencia y socorro, incluido el uso de la fuerza armada. Todo ello con el apoyo de Rusia, convertida en la principal proveedora de armas de todo el continente. Sólo en Mali, ha desplegado helicópteros y aviones de combate para combatir a los grupos armados de Azawad. Hasta ahora, la intervención de Rusia en el Sahel se está realizando mediante fuerzas no regulares. Sin embargo, el gobierno ruso ha comprendido que las fuerzas paramilitares no son suficientes para librar este tipo de guerras. Por ello, Africa Corps absorberá al grupo paramilitar, que cuenta con más de dos mil hombres, y sumará otros contingentes de militares regulares en el contexto de la formación de los cuerpos y fuerzas de seguridad africanos. En este frente militar, Rusia trabaja sin descanso. A finales de 2023, envió un avión de las fuerzas aéreas a Ouagadougou, desembarcando varias decenas de hombres cuya misión es entrenar a las fuerzas armadas locales en el uso de medios aéreos. Esta misma estrategia se está implementando en Níger, donde la tensión ha aumentado en el último año. Al desembarco de los rusos para entrenar a las fuerzas armadas nigerinas, se suma la presencia anterior de fuerzas italianas que siguen en el país. Esto parece indicar que Níger aún no ha caído completamente en la órbita de Moscú, aunque podría ser solo cuestión de meses, o incluso menos, tras la firma de un memorando de entendimiento relativo al refuerzo de la cooperación militar bilateral entre Rusia y Níger en diciembre de 2023. Este acuerdo, junto con otros firmados con países clave del Sahel central, forma parte de una estrategia política, económica y militar coherente por parte de Rusia para avanzar en el arrinconamiento de la agenda occidental. Además, esta estrategia no se limita al Sahel central, sino que abarca otros países africanos. Por ejemplo, Rusia entró de cabeza en la República Centroafricana suministrando un vasto arsenal que incluye fusiles de asalto, ametralladoras, lanzagranadas y vehículos blindados. Además, ha enviado instructores militares para formar a más de 1300 soldados centroafricanos. La presencia del Grupo Wagner también es significativa; especialmente en la protección del presidente Faustin Touadéra y en la formación de las fuerzas de seguridad en su lucha contra grupos rebeldes como la Coalición por el Cambio (CPC).

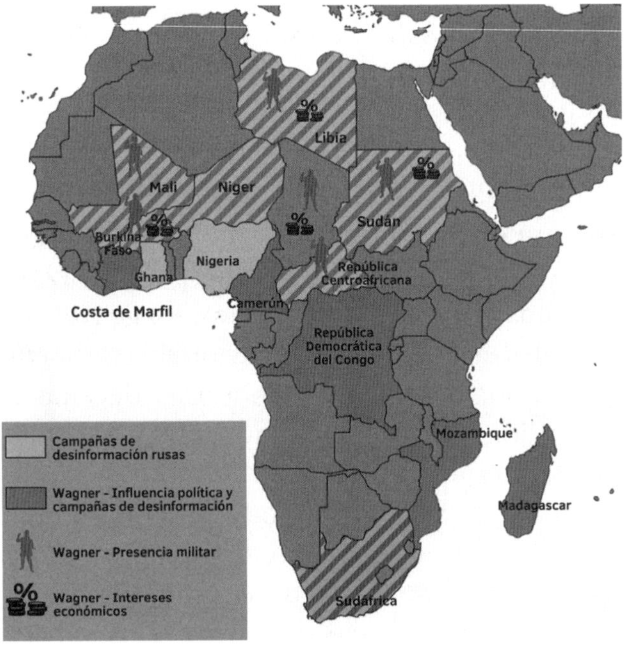

Los mercenarios del Grupo Wagner en África.

La resistencia insurgente

A diferencia de otros países donde Rusia ha logrado establecer una presencia sólida, en Mali, los insurgentes independentistas azawadíes resisten desde lo que entienden como su zona exclusiva de influencia y hacen frente al Grupo Wagner, al que ven como una fuerza extranjera débil, pero con capacidad militar. La debilidad de Wagner radica en su escaso conocimiento del terreno y su falta de aprecio por el espacio territorial, donde predominan las emociones sobre el pragmatismo militar. En Mali, la guerra irregular es más relevante que una guerra convencional, que es imposible de llevar a cabo. Los insurgentes utilizan armas convencionales en su guerra de guerrillas, basada en incursiones irregulares simultáneas. Además, los azawadíes tienen una fuerte afinidad con su territorio, lo que les da una ventaja sobre los rusos del Grupo Wagner, quienes carecen de este vínculo. Esto, junto con el interés económico en una zona rica en recursos y expuesta a diversos tráficos, hace que la situación no sea muy favorable para el Grupo Wagner. La insurgencia a la que se enfrentan los mercenarios son los grupos tuaregs y árabes de las estructuras armadas de la Coordinación del Movimiento de Azawad (CMA) y de la Plataforma, que se han fusionado para formar lo que en español se entendería como el Marco Estratégico Permanente (CSP). Las dos estructuras armadas surgieron durante la crisis del norte de Mali en 2012, cuando se hicieron con el control territorial de la zona y para lo que contaron con la colaboración de los grupos yihadistas.

«Los insurgentes de la CMA y la Plataforma no querían la guerra, pero a ella vamos por obligación y estamos preparados», aseguró Mahmoud Ould Sidi, un alto cargo de la Coordinación del Movimiento de Azawad (CMA), que, hastiado por las pérdidas humanas, afirma ante quien quiera escucharle que la independencia para las dos terceras partes del territorio maliense llegará algún día, como ocurrió con Sudán del Sur. Sudán del Sur es el espejo al que miran los señores de la guerra del norte de Mali para no descartar la vía de la independencia a pesar del cambio en la situación. Más de treinta años de conflicto que desangró a Sudán hasta que se trazó una nueva frontera y nació un nuevo país, aunque a pesar de ello, la paz no haya llegado aún porque los conflictos sahelianos nos demuestran que el interés se coloca no tanto en la paz como en el control del territorio por parte de las élites. La paz está pensada para los pueblos y el conflicto para las élites militares y tribales y su obsesión por el control político. Por ello, las espirales de violencia no terminan nunca porque el sustrato de las guerras es el territorio y las interminables luchas de poder entre las tribus negras y blancas.

Cierto que caer en la etnitización del conflicto resulta reduccionista si no se tiene en cuenta el contexto histórico de los países del Sahel, pero en los actuales conflictos africanos resurgen la cuestión racial y su instrumentalización para engrosar las filas de la violencia. En Níger y Mali, los dos países que, con Burkina Faso, han formado una alianza de ruptura con Francia, la vuelta de los militares de etnia negra al poder ha hecho saltar las alarmas en las comunidades árabes y tuaregs. Tanto es así que Nuakchot, la capital mauritana, se ha convertido en el refugio para las elites tribales blancas árabes y tuaregs que se oponen a los nuevos regímenes de Assimi Goïta y Abdourahmane Tiani.

El factor psicológico es un elemento fundamental en la lucha cuerpo a cuerpo y cuando uno de los bandos en conflicto no tiene aspiraciones ideológicas o motivaciones identitarias para responder a las acometidas del otro, se vuelve más frágil. La guerra que se libra hoy en Mali es compleja porque se enfrentan un actor fuerte en logística militar, pero frágil en espíritu y objetivo, contra otro más débil militarmente, pero con una enorme capacidad de resistencia y sin limitaciones. Un soldado de la Wagner no tiene intereses en el conflicto, salvo los que le suscite una misión mandatada por la que percibe importantes sumas de dinero proveniente de la explotación y venta del oro. En esta guerra asimétrica, las ciudades mineras permiten a los paramilitares rusos financiarse, sin temor a una ofensiva militar duradera, pero, por otro lado, las redes de narcotráfico reinvierten en la lucha azawadí.

Aunque el oro no es por el momento un recurso infinito, la capacidad de resistencia de los rusos también es limitada, sobre todo cuando se enfrenten a maniobras de guerra asimétrica en lugares de extrema complejidad como Anefis o Kidal (frontera con Argelia). Aunque el Estado maliense, contando con la avanzadilla de los rusos, proyecte imágenes de éxito en el campo de batalla al conseguir entrar en las regiones del norte, se cuestiona su control real sobre ellas. Cierto que las fuerzas insurgentes se han replegado, pero también es cierto que la Rusia de Vladímir Putin ha sufrido importantes pérdidas materiales y humanas. Lo que a primera vista parece una hazaña militar presenta claroscuros porque la retirada voluntaria de los insurgentes de su bastión puede entenderse como una estrategia para prepararse mejor para iniciar una verdadera guerra asimétrica, basada en emboscadas y atentados terroristas. El futuro es incierto para el norte de Mali y, por consiguiente, para todo el África occidental, pero lamentablemente parece que la guerra no ha hecho más que empezar, ya que los tuaregs y los árabes están decididos como nunca a defender la propiedad sobre las tierras de sus antepasados y a vengarse de la actual ofensiva militar de Assimi Goïta. El ala dura de la insurgencia armada del Sahel, a la luz de la situación en el norte de Mali, no está dispuesta esta vez a emprender otro proceso de paz con un interlocutor golpista. Aunque las tropas malienses llegaron junto a las tropas rusas a Kidal, el bastión histórico de las llamadas «rebeliones tuaregs», los insurgentes aseguran que «una batalla ganada no es necesariamente una victoria, y una retirada táctica no es lo mismo que una deserción del campo de batalla».

Descrédito ruso

La manera en la que los rusos están desarrollando las operaciones conjuntas con las Fuerzas Armadas Malienses

(FAMA) está dejando fuertes críticas por parte de la sociedad civil, preocupada por el aumento de las víctimas civiles. De acuerdo con un informe de la ONG ACLED (The Armed Conflict Location & Event Data Project), durante el año 2023, casi mil civiles fueron asesinados durante una operación conjunta FAMA-Wagner y, según se desprende del documento, casi un 70 % de los ataques segaron la vida de personas sin ninguna conexión con las organizaciones armadas. La presencia de Wagner ha hecho retroceder el calendario diez años y se ha vuelto al año 2012, cuando los grupos armados tanto secesionistas como yihadistas de Azawad se unieron frente a su histórico enemigo común, el Estado maliense. Ambas fuerzas se han vuelto a reunir para hacer frente al Estado y sus paramilitares rusos.

EL PODER BLANDO RUSO Y EL PODER ENERGÉTICO

La reciente crisis entre Occidente y los países del África subsahariana, tras más de medio siglo de programas de desarrollo y más de una década de iniciativas securitarias fallidas, ha permitido a Rusia intensificar su presencia política y diplomática en el continente. Desde la llegada de Vladímir Putin al poder en la primera década del siglo XXI, las relaciones entre Rusia y África han comenzado a recuperar el dinamismo que tenían antes del colapso de la Unión Soviética. Sin embargo, los principales competidores de Rusia en la región, como Estados Unidos, la Unión Europea y China, continúan desempeñando un papel crucial, respaldados por su extensa experiencia en África.

Rusia ha comenzado a ejercer su poder blando participando en operaciones de mantenimiento de la paz, haciéndose cada vez más visible en los países africanos con el objetivo de buscar oportunidades económicas en los sectores de la minería y de los hidrocarburos. Además, su continuo liderazgo en tecnología nuclear pacífica y en el espacio ha abierto nuevas perspectivas de cooperación en varios países del continente. No obstante, Rusia se enfrenta a una serie de retos que obstaculizan su expansión en algunas de estas áreas, siendo el principal la intensa competencia internacional entre las potencias mundiales, tanto principales, en los casos de China, la Unión Europea, India y EE. UU., como secundarias, en los casos de Turquía e Israel.

El valor de los intercambios comerciales entre Rusia y los países del África subsahariana es débil en comparación con sus homólogos de la Unión Europea y China, pero Rusia busca revertir esta situación. El objetivo de Rusia de aumentar los intercambios comerciales es plausible en un nuevo escenario de cambios geopolíticos, derivados de la crisis política de algunos países africanos con Francia, la propagación de organizaciones terroristas armadas y la fragilidad de los gobiernos frente a organizaciones híbridas que combinan el crimen organizado y el terrorismo. Se percibe la importancia que Putin concede a África como un escenario esencial de influencia, mediante el cual puede hacer realidad su visión de un orden mundial multipolar. ¿Pero este foco sobre África es nuevo?

Cuando los países del África occidental proclamaron la independencia y consiguieron expulsar a los franceses, países como Mali ya habían forjado una cooperación militar con la URSS que, en el contexto de la Guerra Fría, era fundamental, teniendo en cuenta que los soviéticos trabajaban para hacer contrapeso al poder de la alianza capitalista de Occidente y, por extensión, a las potencias coloniales.

A finales de la década de los 50, la ayuda de Moscú a los movimientos nacionalistas, no sólo de Mali, sino también del resto de los países del continente africano en su carrera hacia la independencia, contribuyó a forjar la estrecha relación que la Unión Soviética fraguó con el continente, seguramente sin tener aún muy claro El Dorado que se abría para los países más ricos y a la vez más pobres del mundo. Cierto que el interés no es estrictamente económico porque Rusia disfruta de sus propios recursos, así como reservas de gas y petróleo que la hacen muy poderosa. Sin embargo, carece de recursos mineros como el oro. Aun con todo, más allá de la calidad de las materias primas que hace del continente un socio atractivo para los rusos, el interés radica igualmente en el hecho de que África cuenta con un potencial de una población de más de mil millones de habitantes como consumidora de bienes y servicios de las empresas rusas.

En este sentido, Rusia rivaliza con el socio clásico occidental desde el escenario africano. La reciente implicación de los rusos en suelo saheliano a través de unidades paramilitares aleja el ojo público de su carácter estrictamente económico y lo coloca en la dimensión geopolítica. Existen claras motivaciones políticas que hunden sus raíces en las vísperas de los procesos de independencia. Los nuevos Estados independientes lograron deshacerse de un estatus colonial sellado en la conferencia de Berlín de 1885 entre los líderes europeos (principalmente Francia y Bélgica), aunque su independencia nunca quedó asegurada en los términos que se plantean en la presente obra, es decir, nunca alcanzaron la independencia económica, algo que África porta como una absoluta maldición.

Tras varias décadas de estancamiento económico, el debate sigue en un bucle incapaz de aportar soluciones reales a las nuevas oportunidades de desarrollo sostenible para la mayoría de los 49 países de la región subsahariana. De estos países, dos tercios son riquísimos en recursos naturales; la región alberga el 8 % de las reservas mundiales de petróleo y el 30 % de las reservas de minerales (el 40 % del oro, los diamantes, el cobalto y el manganeso, y el 80 % del platino y el coltán; García-Luengos, J., 2019), así como importantes recursos forestales, pesqueros, hídricos y agrícolas (que en los últimos años han sido objeto de un paulatino «acaparamiento de tierras»).

Queda aclarado, pues, que la presencia de Rusia en África no es un hecho novedoso, ni siquiera en lo relativo al ámbito de la seguridad en el cual los soviéticos contribuyeron a que un país como Mali, apenas alcanzada su independencia, pasara de contar con una dotación de 3000 efectivos a un ejército de 7600 hombres que pudo equiparse gracias al arsenal militar soviético. Desde los albores de la independencia, Rusia ha sido uno de los principales suministradores de armas del continente africano.

La colaboración implicó también el envío de efectivos malienses a las bases militares de Moscú para su entrenamiento. La capacidad militar maliense alcanzada con el apoyo del valedor soviético se vislumbró durante los años de la conocida como «guerra de Noel» cuando, en diciembre de 1985, durante las festividades de la Navidad, el ejército maliense lanzó una ofensiva contra Burkina Faso para apropiarse de la franja de Agaher, fronteriza con Mali y de gran interés estratégico al albergar ricas reservas de gas. Si no hubiera sido por el armamento soviético, difícilmente Mali hubiera logrado salir victoriosa de ese conflicto. Sin pasado colonial en África y respaldados por gran parte de la población maliense que aplaude la estrategia del coronel Assimi Goïta de cambiar de socio estratégico, Rusia se vuelve a colocar como la nueva garante de la seguridad para Mali y para tantos otros países africanos. La garantía de proporcionar no solo la seguridad militar, sino también la energética.

En la cumbre Rusia-África celebrada en San Petersburgo entre el 27 y el 28 de julio de 2023, Rosatom, la agencia rusa de energía atómica, anunció la construcción de una central nuclear civil en el Sahel central. Impulsando la energía nuclear, Rusia quiere demostrar una más o menos sentida preocupación por la independencia energética de los países africanos. No tardaron en enviar un equipo de efectivos médicos militares rusos para visitar «el laboratorio nacional de referencia para las fiebres hemorrágicas víricas». Esta información fue reportada por el grupo de investigación internacional All Eyes on Wagner en una nota publicada el 4 de diciembre, titulada «La toma de poder rusa en Burkina Faso». El canal Telegram de Africa Corps anunció también la próxima apertura de un centro cultural ruso en Bamako, la capital maliense.

La cumbre Rusia-África celebrado en Sochi en octubre de 2019 supuso el *regreso* de Rusia a un continente africano en el que las alianzas a favor del eje occidental habían sido las predominantes durante la etapa poscolonial. Pese a ello, la presencia de Rusia ha sido constante, aunque de distintas formas, pero siempre permaneciendo en el continente. De esta presencia hemos ido sabiendo más tras la invasión de Ucrania y la guerra, que produjo (y produce hoy) un enorme impacto en la seguridad alimentaria de numerosos países africanos a los cuales Rusia exportaba grano a través del mar Negro. A ello se suma el cese de las exportaciones de Ucrania, que se había consolidado como uno de los líderes mundiales en exportaciones de girasol, maíz, trigo y cebada.

La cumbre Rusia-África, 2023.

La relevancia del papel de Ucrania en el suministro de alimentos es tal que el bloqueo ruso de sus puertos (como respuesta rusa a la sanción europea contra Rusia de expulsar a los bancos rusos del sistema Swift de mensajería financiera) provocó que cerca de 20 millones de toneladas de grano quedaran atrapados en el mar Negro. Debido a esta situación, los precios de los alimentos se dispararon en todo el mundo.

El precio del trigo se incrementó más del 3 % y algunos países en África se echaron a temblar. No es para menos, el continente es uno de los principales mercados en términos de consumo de cereales procedentes de Rusia y de Ucrania. El 40 % del grano que consume Senegal es ruso, lo que explica su altísima dependencia, y también la de sus vecinos, de los dos rivales en Europa del Este para garantizar una seguridad alimentaria ya muy golpeada por la crisis sanitaria producida por la covid-19. Las graves consecuencias de la guerra y las nuevas alianzas estratégicas hicieron que, durante la cumbre Rusia-África en San Petersburgo, Vladímir Putin ofreciese a sus países aliados de Sahel más de 50.000 toneladas de cereales gratis.

Vemos cómo se ha empleado en el espacio sahero-saheliano (Burkina Faso, Mali y República Centroafricana) la seguridad alimentaria como arma geopolítica y cómo el Kremlin apaciguó la tensión alcanzando un acuerdo sobre las exportaciones de grano ucraniano. «Nuestro país puede sustituir gratuitamente el grano ucraniano tanto comercialmente como [en entregas humanitarias]», aseguró el presidente ruso en su discurso de apertura de la cumbre de San Petersburgo, afirmando que Rusia era un productor «sólido y responsable».

La dependencia alimentaria del sur con respecto a Rusia forma parte de la estrategia a largo plazo de Vladímir Putin para conseguir introducirse en otros sectores del mercado africano, tal y como han venido haciendo los países del bloque occidental. Desde principios del siglo XXI hasta 2015, África ha sido capaz de atraer un 1,5 % de inversiones directas rusas, o, lo que es lo mismo, más de treinta empresas rusas se han desplegado en el continente africano moviéndose alrededor de los recursos naturales.

La compañía pública Rosatom y las privadas Rusal y Alrosa, respectivamente, son operadores nucleares, de aluminio y diamantes. Desde el retorno de los regímenes militares al gobierno de los tres países centrales del Sahel (Mali, Burkina Faso y Níger), han empezado a explorar el amplio mercado saheliano y, en el caso de Rosatom, en pocos meses han conseguido firmar contratos de cooperación para desarrollar centrales nucleares en estos países, con serios problemas de suministro de electricidad.

La población del Sahel está creciendo y sus necesidades energéticas aumentan, por lo que la energía es la herramienta perfecta para que Rusia se consolide como un actor indispensable en el espacio africano. Hasta el momento, los operadores clásicos europeos no habían diseñado una estrategia clara, algo que los rusos sí están haciendo para poner en marcha un proyecto de energía disponible para toda la sociedad africana. Si se tiene en cuenta el dato del crecimiento demográfico, de unos 15 millones de habitantes por año, el suministro de energía, además de la seguridad, se convierte en los dos principales retos de este siglo para esa zona del mundo. A finales de 2020, solo el 22,5 % de la población de Burkina Faso, el 67,4 % de la cual vive en zonas urbanas y el 5,3 % en zonas rurales, tenía acceso a la electricidad, según cifras del Banco Africano de Desarrollo. De la mano de los rusos, el gobierno de Burkina Faso espera duplicar su producción de electricidad en el horizonte de 2030. Si los Estados del Sahel consiguen ganar en gobernanza impulsando una eficaz soberanía alimentaria, energética y securitaria y proyectar nuevos horizontes de futuro, el revés contra los grupos armados sería efectivo. Pero esto solo es posible en un escenario en el que los insurgentes pierdan competitividad frente a los poderes centrales en el suministro de *dignidad* a las poblaciones.

Pero también progresan en la agenda africana empresas gasísticas y petroleras. Lukoil está presente desde 2014 en explotaciones petrolíferas en países como Camerún, Nigeria o Ghana, y Gazprom ya ha mostrado su interés por invertir en proyectos en el continente africano. Sin embargo, no solo África necesita los proyectos rusos. Rusia depende casi en su totalidad de la importación del magnesio, cobalto y cromo del continente africano.

El Sahel se le ha quedado pequeño al jefe de la diplomacia rusa, Serguéi Lavrov, quien ha intensificado su presencia en África. Cuatro viajes al continente durante el año 2023 y visitas a países como Sudáfrica de las que ha regresado triunfante. Sudáfrica preside el grupo de los países emergentes, los BRICS (Brasil, Rusia, India, China y Sudáfrica), y, además de negarse a condenar la invasión rusa de Ucrania, anunció su voluntad de organizar unas maniobras marítimas conjuntas con Rusia y China. La agenda de Lavrov no se detendrá en 2024 en su carrera por situar a Rusia en todos los sectores de un continente en el que todo está por hacer. Sólo en la República del Congo, a la agenda rusa se le abre un horizonte largo que empezó en el periodo de la posperestroika, una etapa en la que Moscú se enfrentaba a tiempos difíciles bajo el dictador Mobutu, el excéntrico aliado de los Estados Unidos en el continente africano. El también conocido como Leopardo de Kinshasa se benefició del apoyo americano, a cambio este le sacó un alto saldo a la relación mediante la explotación de recursos del subsuelo, rico en minerales como el cobalto o el cobre. El enriquecimiento de Mobutu fue tal que poseyó una de las fortunas más importantes del planeta, mientras la población congoleña ha seguido hundida en el desamparo, con una acumulación de deuda triplicada al final su régimen. Todos los calificativos que hicieron estallar los países del norte de África en 2011 se les aplicó a Mobutu, asfixiado por su cleptocracia, nepotismo y férreo control que ejercía sobre la población. Rusia en aquel contexto no tuvo nada que hacer hasta que se cayó el peón más importante del tablero estadounidense en África a finales de la década de los 90 y con su fallecimiento los objetivos de los Estados Unidos de impedir la expansión de la antigua URSS y el aprovechamiento incesante de los numerosos recursos se diluyeron también. También decayeron los intentos de la CIA de luchar contra todos los regímenes africanos apoyados por la URSS a través del *Zair* africano.

Los años posteriores a la férrea dictadura de Mobutu Sese Seko y las dos guerras regionales que sucedieron con final genocida que dejaron en torno a cuatro millones de muertos, provocaron una crisis profunda económica en la República del Congo, que recurrió, además de los Estados Unidos, a otras superpotencias, como China y Rusia. Este último crece a pasos gigantescos en sectores como la energía y la agricultura. Los minerales del Congo son esenciales para la economía rusa y a cambio Moscú exporta productos manufacturados y tecnológicos. Sólo en 2023, el comercio entre Rusia y El Congo alcanzó unos 250 millones de dólares. Al Congo llegó también el servicio de taxis Yango creado por el grupo tecnológico ruso Yandex. Rusia ve un nicho de intervención en cualquier sector que le haga pensar en la perdurabilidad dentro del continente africano, teniendo en cuenta el *know how* de uno de los gigantes en recursos naturales.

El panorama que se le abre a Rusia es esclarecedor para entrar en el continente africano y no salir a largo plazo. Sudáfrica, Namibia, Botsuana y la República Democrática del Congo concentran el 55 % de la producción mundial de diamantes. Y a esto se le añade la producción de un 22 % de oro. También aporta el 7 % de la producción mundial de gas natural, con unas reservas estimadas en 14,532,181,760,000 metros cúbicos. El uranio, cuya producción se localiza principalmente en Sudáfrica, Níger y Namibia, y el cobalto, que es exclusivo de la República Democrática del Congo, proporcionan hasta un 55 % del suministro mundial total. El continente brilla también por su bauxita en varios países, sobre todo en Ghana, Mozambique y Guinea, que ocupa el quinto lugar mundial en su producción (Mining Africa, 2020). Para situarse en primera línea en el campo de la minería africana[6], Rusia ha deslocalizado a sus grandes empresas que trabajan en la exploración de hidrocarburos, como Gazprom, Rosnef y

6 Leer: Global Business Reports. (2020). *The official mining in Africa country investment guide (MACIG) 2020.* Global Business Reports. https://www.gbreports.com/publication/the-official-mining-in-africa-country-investment-guide-macig-2020

Lukoil, además de las que trabajan en sectores mineros, como Nord Gold, Uralchem, Norilsk Nickel, Lobaye invest sarlu, Rusal o Alrosa. Esta última es una de las mayores empresas mundiales en diamantes y su sede principal se encuentra en Angola. Y Rusal es uno de los mayores productores mundiales de aluminio que opera en Burkina Faso y Guinea-Conakry.

La apuesta de Rusia es clara: revolucionar el campo energético del continente africano en países con una crisis seria de producción energética y de distribución. Así, en Uganda, la inversión rusa en este sector se valora en más de 200 millones de dólares, que permitirá a los ugandeses alcanzar la autosuficiencia energética y apoyar los objetivos de desarrollo económico. Uganda también será apoyada en la explotación de los yacimientos de uranio para desarrollar una fuente sostenible de energía nuclear. Las autoridades ugandesas y los expertos atómicos rusos han firmado un acuerdo bilateral de cooperación nuclear que pasa por el desarrollo de futuras centrales en los cuatro puntos cardinales de Uganda: Lamwo en el norte del país africano, Mubende en el oeste, Buyende en el este y Nakasongola en el centro. En la República Centroafricana (RCA), el fracaso de la operación francesa militar Sangaris, que trató de detener la violencia y el caos como resultado de los enfrentamientos entre las milicias Séléka y los antibalaka, les abrió la puerta a los rusos. Estos vienen estrechando lazos económicos en el campo de la minería. La empresa Midas Resourcek, vinculada a la influyente compañía militar privada Wagner, explota la lucrativa mina de oro de Ndassima y se estima que genera beneficios anuales de alrededor de 1000 millones de dólares. Wagner también ha obtenido concesiones para la extracción de alquitrán y diamantes, y ha realizado inversiones en el sector maderero, consolidando su presencia económica en el país. Aunque el respaldo de Moscú no se limita únicamente a la economía.

La influencia rusa en la RCA también se extiende a la infraestructura. En marzo de 2024, un acuerdo de cooperación fue firmado entre Dimitrii Sytyi, jefe de la casa rusa, y Félix Moloua, primer ministro centroafricano, para atraer inversiones rusas en diversos sectores estratégicos por valor de millones de dólares, incluyendo carreteras, ferrocarriles y la construcción de una nueva ciudad. Rusia ha sabido capitalizar así la crisis abierta con Francia y la inestabilidad en la RCA para ejercer múltiples roles estratégicos en el continente africano. A través de acuerdos mineros, apoyo militar y grandes inversiones en infraestructura, Rusia ha consolidado su influencia en la RCA, marcando una nueva etapa en las relaciones entre ambos países y redefiniendo el equilibrio de poder en la región.

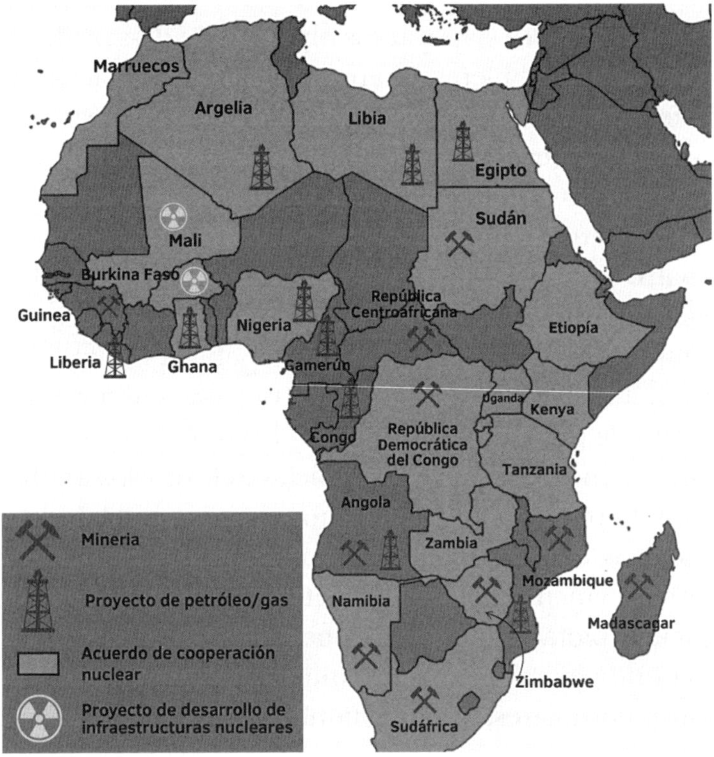

Rusia en el mercado minero y energético africano.

Pieza a pieza, un nuevo rompecabezas que combina cuestiones de seguridad, económicas, médicas y culturales va encajando. Las relaciones comerciales entre Rusia y el continente africano se disparan al mismo tiempo que la influencia rusa se extiende en el ámbito de las estructuras político-securitarias de los estados africanos, con los que el Kremlin ha conseguido estrechar lazos sólidos y, apoyándose en ellos, mantener un discurso antioccidental, en especial en los países de Mali, Burkina Faso o Níger. Especialmente relevante fue el caso de la operación militar francesa Barkhane, que ofreció a los rusos la posibilidad de denunciar con facilidad la injerencia occidental en los Estados soberanos. Esta narrativa rusa antioccidental, desplegada desde la década del 2000, que critica el intervencionismo armado de Occidente como fuente de desestabilización y la imposición de los valores democráticos y liberales occidentales, encuentra un lugar de asentamiento más de cincuenta años después de los procesos de independencia mediante la agenda económica y, en su caso, la de la seguridad. El bloque de seguridad está enfocado hacia una intervención dura (*hard*) con presencia de paramilitares rusos en suelo africano y una intensa campaña de influencia en las redes sociales.

CHINA

Rusia empieza a crecer en África en un momento en el que Occidente se debilita y emergen potencias mundiales como China, que no ven como un problema los niveles de violencia en África, la frágil gobernanza, los golpes de Estado, el riesgo de extremismo violento y la radicalización, o las amenazas procedentes del crimen organizado y sus vínculos con los grupos terroristas. Lo que importa es el nicho de oportunidad económica que ha surgido en el continente y su enorme potencial, que China ha sabido capitalizar.

La carrera china

El interés de China por África tiene profundas raíces históricas que se remontan a varios siglos. Durante las dinastías Ming, que gobernaron China entre los siglos XIV y XVII, se llevaron a cabo expediciones de gran envergadura que llegaron hasta las costas africanas. Estas expediciones contribuyeron al intercambio cultural y comercial entre las distintas culturas, pero sin la vocación colonial que caracterizó a Occidente durante el mismo periodo. Mientras que en la antigüedad el intercambio a través de la Ruta de la Seda conectaba a China y partes de África, en la actualidad el vínculo en el campo de las inversiones, el comercio y los proyectos de infraestructuras es reciente.

La presencia de China en África.

En la primera mitad del siglo xx, durante el periodo colonial, la mayor preocupación era la posición ideológica de los países africanos, que debieron participar de la *realpolitik* de un escenario mundial bipolar. La Guerra Fría fue un periodo de intensa rivalidad ideológica y de constantes movimientos anticoloniales dentro de Estados africanos como Mali, cuya independencia fue impulsada por el Partido Comunista Francés, la Unión Soviética y China. Así, los bandos en conflicto, Estados Unidos y la Unión Soviética, buscaron el apoyo de actores locales para ganar influencia en cada uno de los países en proceso de descolonización. Mali terminó alineándose con el modelo soviético, mientras que otros países, como Angola, quedaron fragmentados entre la agenda americana y soviética, sumidos en la guerra civil. Estados Unidos se apoyó en la Unión Nacional para la Total Independencia de Angola (UNITA), bajo el liderazgo de Jonas Savimbi, mientras que los soviéticos afianzaron su influencia apoyando al Movimiento Popular para la Liberación de Angola (MPLA), que, respaldado a su vez por China, terminó haciéndose con el poder tras la independencia de Portugal en 1975.

El caso de Angola, escenario de las rivalidades ideológicas y estratégicas de las superpotencias, se repite medio siglo después en los países centrales del Sahel, divididos entre los que siguen formando parte de una alianza prooccidental bajo el mando de Francia y los que han realizado un giro colonial situándose en el eje proruso y prochino. Así, los tres países del Sahel central, Mali, Níger y Burkina Faso, han comenzado un proceso de ruptura con Occidente, no solo retirando a las tropas occidentales de su suelo, suspendiendo la cooperación militar y anulando el acuerdo de paz con los grupos armados apoyado por las instancias europeas e internacionales, sino que han llegado a un nuevo extremo: la decisión conjunta de negarse a seguir formando parte de la Comunidad Económica de los Estados del África Occidental (CEDEAO).

La CEDEAO, que agrupa a quince países, ha tratado de alcanzar una verdadera integración de sus miembros en el ámbito de la movilidad, el intercambio comercial y el consenso político. Esta triple integración regional, vehiculada a través de la CEDEAO, ha representado la innovación política más ambiciosa desde la ola de descolonización a finales de la década de los años 50. La CEDEAO ha servido de base para seguir animando instrumentos de integración intrafricana como el Acuerdo de Zona de Libre Comercio Continental (ZLEC), firmado en 2018, o integrando una visión común en el campo de la seguridad. Sin embargo, la crisis de Burkina Faso, Mali y Níger con Francia, desatada en 2020 y que terminó en sendos golpes de Estado militares en los tres países, y la respuesta de la CEDEAO condenando los regímenes golpistas mientras no se restituya en el poder a sus presidentes civiles, ha sido percibida por los nuevos gobiernos como una política de alineamiento con la agenda occidental para África.

La intervención en Níger

Tras el golpe militar en Níger en agosto de 2023 y cediendo a las presiones de Francia, la CEDEAO valoró la posibilidad de intervenir militarmente en Niamey, la capital nigerina, para devolver el poder al presidente depuesto, Bazoum. Esta acción hubiera abierto cicatrices insalvables para los países de una CEDEAO que se fragmenta lentamente debido a la polarización provocada por las sucesivas intervenciones de los actores internacionales. Mientras que Francia ha seguido ejerciendo presión sobre los países de la CEDEAO que se han desmarcado de la política rusa, otros afianzan sus posiciones, asistiendo así a una revolución en el continente africano inédita hasta ahora, de división ideológica, en la que el trío del Sahel central (Mali, Níger y Burkina Faso) se apoya en la lucha contra el terrorismo para mantener el espíritu panafricanista. Acusan a los países de la CEDEAO de someterse a «la influencia de los poderes extranjeros traicionando los principios» que permitieron su fundación y ven en «los Estados miembros de esta organización regional una amenaza».

La crisis en el Sahel y la oportunidad para China

La crisis política, económica y social en los países del Sahel oriental y occidental está generando inquietud entre todos los actores regionales e internacionales, especialmente entre las compañías internacionales que se han instalado en la región debido a sus aparentemente inagotables riquezas mineras. En este contexto, China está aprovechando esta coyuntura de tensión con Occidente para seguir desarrollando su agenda económica en un continente que percibe como un suministrador de primer orden de materias primas y mercados rentables. El éxito de China se basa en dos aspectos principales: la forma en que invierte en África, facilitando pagos a los Estados, y su compromiso con el principio de no injerencia en los asuntos internos de los Estados. Sin embargo, este argumento de «no injerencia» es cuestionable, ya que de una manera u otra están interviniendo en la soberanía económica de otros países debido a su extrema vulnerabilidad. Además, la injerencia no solo se ve desde una perspectiva de *hard power* mediante el despliegue de efectivos militares, sino también a través del *soft power*, sin el ruido de baterías antiaéreas lanzadas contra los grupos insurgentes.

La aproximación china a África se intensificó bajo la presidencia de Hu Jintao, quien en noviembre de 2006 recibió a los líderes de 48 países africanos en el Palacio del Pueblo, en la plaza de Tiananmen de Pekín, en una cumbre del Foro de Cooperación Económica África-China (FOCAC) para conmemorar el 50.º aniversario del establecimiento de relaciones entre la República Popular China y África. Posteriormente, pocos meses después de la cumbre, Jintao visitó ocho países africanos con el objetivo de fomentar la inversión directa. A principios de los años noventa, la inversión china no superaba los cinco millones de dólares, pero en 2004 alcanzó los 900 millones y, solo tres años después, se disparó hasta los 12.000 millones. La década del 2000 permitió a China convertir el continente africano en una puerta de entrada prioritaria para la inversión de empresarios chinos, como lo demuestra el lanzamiento de la colosal y ambiciosa Iniciativa del Cinturón y la Ruta (Belt and Road Initiative). Para este proyecto, más de 10.000 empresas chinas se han instalado en el continente y unos 260.000 trabajadores ya están operando allí. Como resultado, China se ha convertido en uno de los actores económicos y políticos internacionales predominantes del continente, y más allá de prestar atención a los sectores industriales y financieros, las cuestiones de seguridad, sin duda, comenzarán a formar parte de las áreas de preocupación más pronto que tarde.

China se define a sí misma como el mayor de los países en desarrollo y califica su relación con África como una «asociación estratégica de beneficio mutuo», insistiendo en su fórmula de priorizar el crecimiento económico para contener la tensión social. Desde que China iniciara sus reformas, ha apostado por la globalización económica, hecho que se confirmó tras su adhesión a la Organización Mundial del Comercio en 2001.

En términos de comercio, la República Popular China compra petróleo a Argelia, Libia, Nigeria y Angola; cobre a Zambia; oro y hierro a Sudáfrica; cobalto a la República Democrática del Congo; madera a Camerún y Liberia; manganeso a Ghana; y platino a Zimbabue. Además, pesca de forma intensiva en aguas de Cabo Verde, Senegal y Mauritania. Además de este interés explícito por materias primas, cientos de compañías de capital chino y miles de sus nacionales se han instalado en países africanos, siendo visibles en grandes obras de infraestructuras, en la explotación de recursos y en proyectos de defensa. Todo esto ha contribuido a alimentar las cifras globales de crecimiento del continente africano.

Huawei, la mayor proveedora de telecomunicaciones china, era a finales de la década del 2000 la principal suministradora de servicios de banda ancha en África, con presencia desde Sudáfrica hasta Egipto. En el ámbito financiero, China se incorporó al Banco Africano de Desarrollo

(BAD) en 1985, convirtiéndose en uno de sus accionistas más importantes entre los socios no africanos. En 2008, la Sesión Anual del BAD tuvo lugar en Shanghái, destacando la intervención del presidente de Madagascar, Marc Ravalomanana, quien elogió el modelo de desarrollo chino y expresó su admiración por él, destacando que China era un ejemplo de transformación. El presidente mencionó que África debería aprender de la experiencia china.

En cuanto a las energías renovables, China es el país que más está avanzando en la explotación de energías limpias, como se puede observar en el Sahel. Por ejemplo, Mali es uno de los países africanos más abiertos a la influencia china. Históricamente, el primer presidente de Mali, Modibo Keita, fue conocido por su «oportunismo» durante la Guerra Fría, manteniendo un equilibrio en sus relaciones con occidentales, rusos y chinos. Más recientemente, Mali ha focalizado sus esfuerzos en torno al Foro de Cooperación China-África (FOCAC), una asociación mutuamente beneficiosa que se ha convertido en el marco de la política exterior de China en África. En términos comerciales, China es el principal importador de algodón y manteca de karité de Mali, además de productos farmacéuticos. La presencia china es fundamental para el desarrollo de las infraestructuras malienses y la generación de nuevas oportunidades de empleo. Esta estrecha cooperación comercial se ha extendido también al ámbito político, militar, cultural, sanitario y educativo. Por ejemplo, la nueva ciudad universitaria de Kabala es obra de China, al igual que la carretera que conecta el aeropuerto con Kabala. Actualmente, más de tres mil nacionales chinos viven en Mali y el gobierno chino ha abierto las puertas a más de mil ingenieros malienses para que reciban formación en China, como estrategia de futuro para continuar invirtiendo en Mali y en el resto del Sahel. La razón por la cual China se ha convertido en socio prioritario para Mali y otros países del Sahel en detrimento de Europa se debe a las facilidades de pago, «prefinanciación». Según fuentes gubernamentales, «China construye, y nosotros pagamos a veinte años vista, mientras que los inversores europeos quieren los pagos inmediatos y en efectivo. Si tenemos que elegir entre unos y otros, evidentemente será China».

China es hoy fuertemente competitiva en el sector de las energías renovables. En Mali, en la ciudad norteña de Tausat, al norte de Gao y en el sur, está empezando a construir centrales solares e hidráulicas. Más allá de la explotación de las energías renovables, el gobierno chino estudia la creación de un «cinturón energético» del siglo XXI y una «ruta marítima» que una Asia con Oriente Medio y África para lograr la reforma del sistema eléctrico, petrolífero y gasístico. Para conseguir este objetivo, está realizando esfuerzos en la exploración y extracción de petróleo y gas, intensificando la construcción de oleoductos y gasoductos, así como la instalación de almacenes de *stocks.* Estos movimientos de seguridad energética son una prioridad para los planes estratégicos de China dentro del desarrollo económico y social de Mali, la mejora de las condiciones de vida de la población, así como para alcanzar una paz continuada y la estabilidad social. De cara a los cambios en la situación de la oferta y la demanda energéticas y las nuevas tendencias de desarrollo energético internacional, China deberá llevar a cabo una revolución en materia de producción y consumo de energía con el fin de garantizar la seguridad energética de su país, y para lograrlo ha decidido que África sea un enclave prioritario en su agenda.

En el continente africano, China se asegura mercados y fuentes de energía, pero también ha logrado notables ventajas diplomáticas: ha reducido el número de reconocimientos que Taiwán tenía en el continente, de dieciséis a fines de la década del 2000 a cuatro una década después, y la cifra sigue descendiendo.

En cuanto a India, se debe explorar el papel de este gran país asiático en relación con África. Aparte de los contactos históricos a través del mar Arábigo y del océano Índico con la costa oriental africana, debemos considerar la existencia de una diáspora india en suelo africano y los posicionamientos políticos relevantes de India. Históricamente, India sirvió como estímulo para muchos países africanos debido a su temprana independencia en 1947. Desde 1948, India se posicionó contra el *apartheid*, el mismo año en que el Partido Nacional lo instauró oficialmente en Sudáfrica, y presionó para que fuera suspendida de la Commonwealth en 1961. Con la dinamización de la Conferencia de Bandung (1955), el primer ministro indio Jawaharlal Nehru impulsó las independencias africanas y la cooperación afroasiática. En tiempos más recientes, India emerge como un actor regional proactivo y se dota de herramientas atractivas para muchos países africanos.

INDIA Y ÁFRICA: ALIANZAS GLOBALES

Es imprescindible explorar el papel de India en relación con el continente africano. Más allá de los antiguos contactos a través del mar Arábigo y el océano Índico con la costa oriental africana, debemos considerar la existencia de una diáspora india en suelo africano, así como los numerosos posicionamientos políticos relevantes de India. Este país asiático sirvió como inspiración para muchos países africanos debido a su temprana independencia en 1947. India se posicionó contra el *apartheid* desde 1948, el mismo año en que el Partido Nacional lo instauró oficialmente, y presionó para que Sudáfrica fuera suspendida de la Commonwealth en 1961. Con la dinamización de la Conferencia de Bandung en 1955, el primer ministro indio Jawaharlal Nehru impulsó las independencias africanas y la cooperación afroasiática. En tiempos más recientes, India ha emergido como un actor regional proactivo, dotándose de herramientas atractivas para muchos países africanos.

La aproximación de India a África se enmarca en una serie de intereses estratégicos y políticos que trascienden la simple rivalidad con China y Rusia, la alianza que pretende cambiar el orden liberal mundial. Aunque la expansión de los intereses de esta alianza en África sigue creciendo, especialmente en los países mineros del continente, India desempeña un papel fundamental en la estrategia geopolítica intracontinental, que incluye el campo de la seguridad.

La iniciativa Security and Growth for All in the Region (SAGAR) busca promover la seguridad y el crecimiento económico en la región del océano Índico, incluyendo a varios países africanos ribereños. Por su parte, el proyecto Asia & Africa Growth Corridor (AAGC) trata de fomentar la cooperación económica y el desarrollo sostenible entre Asia y África, reflejando el compromiso de India con la región africana frente a un Occidente que se percibe como el único y legítimo soberano en tomar decisiones en el espacio multipolar en temas relacionados con la movilidad, la deuda o el clima. Aunque India preserva los intereses de la agenda occidental, especialmente con los Estados Unidos, su rechazo a la denuncia de la intervención rusa en Ucrania ha levantado interrogantes sobre su posición en el mundo. India está trazando un camino cada vez más independiente, centrado en sus propias prioridades. No se puede olvidar que India, junto con el Dragón (China) y el Oso (Rusia), sigue siendo un eje del sur con un cúmulo de frustraciones hacia el sistema actual. Se sitúan en la casilla más baja del espacio internacional, lo que favorece a Occidente.

India también ha demostrado su apoyo a la Unión Africana (UA) y su ambicioso proyecto Agenda 2063, que busca transformar África en un continente próspero, pacífico y unido. A través de acuerdos bilaterales con países africanos ribereños, tanto del océano Índico como del Atlántico, India ha buscado fortalecer sus lazos económicos, políticos y comerciales en la región. Estos acuerdos incluyen países como Botswana, Etiopía, Ghana, Mozambique, Uganda, Zambia, Namibia y Nigeria, entre otros. India también ha buscado fortalecer su presencia en el océano Índico a través de su papel como Estado Observador en la Comisión del Océano Índico, que agrupa a Estados insulares del Índico. Esta posición le permite a India tener una voz en cuestiones relacionadas con la seguridad marítima y la cooperación en la región, lo que es crucial dada su ubicación estratégica en el océano Índico.

Las relaciones de India con Sudáfrica también son de suma importancia, basándose en argumentos humanos, económicos y diplomáticos. El memorándum emitido tras la Cumbre de los BRICS celebrada en Sudáfrica en 2018 refleja el compromiso de India y Sudáfrica con la cooperación en áreas clave como el comercio, la inversión y la seguridad. Los intereses de India en África son diversos y van desde el fortalecimiento de la cooperación económica y comercial hasta la promoción de la seguridad y el desarrollo sostenible en la región. La presencia activa de India en África refleja su aspiración de desempeñar un papel más significativo en los asuntos mundiales y su compromiso con el crecimiento y la estabilidad del continente africano.

Conclusiones: África, entre injerencia y dependencia[7]

Desde una perspectiva geopolítica, abordar África requiere no solo un recorrido geográfico esencial, sino también una revisión histórica profunda. Además, es crucial considerar las acciones de actores tanto externos como internos en el continente. Las independencias de los 54 países africanos son cuestionables por diversas razones expuestas en esta obra, que incluyen una injerencia múltiple y consentida en los ámbitos económico, social y de seguridad. ¿Cuál sería el balance más justo en países ricos en recursos naturales pero afectados por la pobreza, conflictos de todo tipo y numerosos esfuerzos para prevenir, gestionar y resolver estos problemas? ¿Cuál ha sido el papel de las organizaciones internacionales intergubernamentales? Pasando de las dimensiones árabe e islámica a la dimensión africana, recordemos que de la Unión de Estados Africanos reunida el 15 de abril de 1958 se pasaría tan solo cinco años después a la Organización para la Unidad Africana (OUA), nacida en 1963 y con sede desde entonces y hasta hoy en Addis Abeba, la emblemática en términos africanos capital de Etiopía. La Organización continental tenía como principal objetivo, más allá de promover la unidad y solidaridad entre los estados africanos, defender la soberanía, la integridad territorial e independencia de los

7 https://www.casafrica.es/es/evento/entender-el-sahel-contexto-y-aproximacion-para-la-geopolitica-de-la-region

países africanos y, sobre todo, eliminar el colonialismo en todas sus formas en África. Sesenta años después, el colonialismo persiste mediante las intervenciones securitarias desde el Norte Global hacia el Sur Global. Las economías africanas, ahogadas por una mala explotación de sus recursos naturales y la injerencia internacional, siguen enfrentando una realidad de pobreza extrema. A pesar de la independencia, la intervención occidental ha continuado y no ha sido capaz de cambiar esta realidad ni de mejorar significativamente el sector de la seguridad alimentaria, a pesar de los numerosos programas de cooperación al desarrollo implementados durante décadas.

ESFUERZOS Y DESAFÍOS EN LA INTEGRACIÓN AFRICANA

Después de la independencia, el continente africano se embarcó en la creación de diversas organizaciones regionales con el objetivo de fomentar la integración económica, política y social, así como para consolidar una identidad panafricana propia. Esta búsqueda de cohesión e identidad regional respondía a la necesidad de superar las fragmentaciones heredadas del colonialismo y establecer una plataforma unida que pudiera defender sus intereses en el escenario internacional. Entre las organizaciones más destacadas se encuentran la Comunidad Económica de Estados de África Occidental (CEDEAO), fundada en Lagos el 28 de mayo de 1975, cuya misión principal fue la de promover la cooperación económica en la región y fomentar la estabilidad política, y la Comunidad de Desarrollo de África Austral (SADC), un bloque que ha sido instrumental en la promoción del desarrollo socioeconómico y la estabilidad en el África meridional. Ambas organizaciones han sido pilares fundamentales en la integración subregional, sirviendo como modelos de cooperación intergubernamental y enfrentando los desafíos comunes de la región. La CEDEAO estableció un Protocolo de Defensa en 1981, que se desarrolló en la década de los noventa a través del ECOMOG (Grupo de Monitoreo de la CEDEAO), el Mecanismo de Prevención, Gestión y Resolución de Conflictos y el Programa de Control de Armas Ligeras. El ECOMOG contribuyó a diversas misiones de la ONU en escenarios de conflicto y posconflicto en la subregión —ONUCI en Costa de Marfil, ONUMIL en Liberia, ONUMIB en Guinea-Bissau, y otras como MINUSMA que no ha servido para mejorar el deterioro de la seguridad en Mali, en 2012—. Agrupando a Estados que son antiguas colonias de tres países europeos, ello genera problemas con las lenguas a utilizar, y la organización se ve descompensada en relación con sus miembros dado el enorme peso de Nigeria en relación con todos los demás componentes.

Otras organizaciones, como la Unión del Magreb Árabe (UMA) o el Grupo G5 Sahel, creado en 2014 y actualmente al borde de la desaparición, tampoco han logrado superar las dinámicas coloniales que buscaban dejar atrás debido a profundas divisiones entre sus países miembros. En el caso de la UMA, las tensiones territoriales entre Argelia y Marruecos, exacerbadas por la creación de la República Árabe Saharaui Democrática (RASD), han sido un obstáculo crucial. La integración de la RASD en la Unión Africana (UA) llevó a Marruecos a retirarse de esta organización en 1984, lo que evidenció las tensiones subyacentes. No sería hasta 2017 que Marruecos, un país clave en el eje Sur, recuperaría su silla vacía en la UA, inaugurando un nuevo ciclo de diplomacia múltiple con el objetivo de restablecer sus relaciones con sus vecinos africanos. Mohamed VI desarrolló —desde su acceso al trono en 1999— una intensa proyección africana, habiendo realizado 46 visitas a 25 Estados africanos, asentando su diplomacia en tres pilares fundamentales: la religión (Marruecos enseña al mundo el Islam moderado que representa su monarquía moderna), la migración (se iniciaron procesos de regularización masiva de migrantes subsaharianos y nuevos convenios de cooperación en todos los sectores con los países de la subregión) y la cooperación militar.

La última manifestación del cambio geopolítico de Marruecos ha sido el lanzamiento de la Iniciativa Atlántica, que busca no solo abrir el Atlántico a países africanos sin acceso al mar (El Sahel Occidental), también conectar el continente con Europa mediante megaproyectos, como el ambicioso gasoducto entre Nigeria y Marruecos, que atravesará 13 países de África Occidental. Estos proyectos subrayan el papel cada vez más relevante de este país del Magreb como puente entre África y Europa. Libia, aunque menos prominente en las iniciativas recientes, también ha jugado un papel importante en el entramado de la integración africana. El proceso que llevó a la transformación de la Organización de la Unidad Africana (OUA) en la actual UA fue iniciado en 1999 en Sirte, ciudad natal del difunto Muammar Gadafi. Su ambición de liderar la construcción de una África unida se manifestó en su participación financiera y política en el continente. A pesar de sus intentos previos de unión con otros países árabes, como Egipto y Siria, sus esfuerzos de integración fueron inconsistentes y erráticos. La efímera Unión Arabo-Africana con Marruecos (1984-1986) es un ejemplo de estas iniciativas, que terminaron abruptamente debido a las tensiones derivadas de la política internacional.

El régimen de Gadafi, marcado por su implicación en actos de terrorismo como los atentados de Lockerbie en 1988 y en Níger en 1989, condujo a Libia a un prolongado aislamiento internacional. A pesar de algunos éxitos en la creación de organizaciones como la Comunidad de Desarrollo de las Regiones Saharianas y Sahelianas (COMESSA), que abarcaba desde Senegal hasta Eritrea, estas iniciativas carecían de viabilidad debido a su inconsistencia. Sin embargo, su impulso hacia la creación de la UA en 1999 dejó un legado importante que perduraría hasta su derrocamiento en 2011, tras la sublevación armada que acabó con su vida durante las "primaveras árabes". Estas organizaciones han enriquecido el mosaico africano de instituciones, pero al mismo tiempo han enfrentado desafíos estructurales derivados de las complejas relaciones entre los estados miembros y las dinámicas de poder internas. Ejemplos claros de estos desafíos incluyen la inestabilidad en Libia, el colapso del G5 Sahel y la falta de una integración efectiva en el Magreb, problemáticas que persisten en la región.

LOS DESAFÍOS MEDIOAMBIENTALES

Resulta relevante también destacar aquellas organizaciones internacionales surgidas en torno a la gestión de ríos y lagos, o para combatir las crisis medioambientales, las cuales han adquirido un carácter prioritario en la actualidad debido a los efectos cada vez más palpables del cambio climático. La reducción del caudal de ríos y lagos es una realidad palpable. En 2015, la ONU advertía que para 2025, dos terceras partes de la población mundial podrían vivir bajo condiciones de estrés hídrico. Este escenario es evidente en África, donde el lago Turkana, el mayor en un área desértica, prácticamente había desaparecido en la frontera con Etiopía. En ese mismo año, la productividad agrícola africana era la mitad de la media global, creciendo a un ritmo mucho más lento que su tasa demográfica. La agricultura, mayormente de subsistencia, sufría por la falta de fertilizantes y técnicas de irrigación avanzadas. África perdía el 20 % de sus cosechas de maíz por sequías, con una producción de apenas 1,3 toneladas de cereales por hectárea frente a las ocho de Francia. Además, los países de la UA usaban solo ocho kilos de fertilizantes por hectárea, muy por debajo de los 120 de EE.UU., lo que los llevaba a gastar miles de millones en la importación de alimentos básicos. África Subsahariana encabezaba las zonas del mundo afectadas por la desnutrición, con un 24,5 % del total global.

Entre los lagos afectados por la crisis hídrica destaca el lago Chad, el cuarto más grande de África, tras los lagos Victoria, Tanganika y Niassa. Ubicado en África Occidental, hace 9.000 años fue un inmenso mar conocido como paleochadiano, con una extensión de 350.000 kilómetros cuadrados.

A lo largo del tiempo, el lago Chad ha sido descrito como un vasto mar interior, pero su tamaño ha disminuido drásticamente. Desde 1965, los científicos han registrado una preocupante reducción de su superficie, que pasó de 20.000 kilómetros cuadrados en 1964 a solo 5.000 en 1988, y sigue menguando. Esta crisis medioambiental no solo afecta al suministro de agua y recursos minerales, sino también a la fauna africana, un emblema del continente.

En este contexto de deterioro ambiental y económico, la explotación ilegal de recursos naturales, como el cuerno de rinoceronte, cuyo valor en los mercados asiáticos alcanza hasta 300.000 dólares, ha financiado a redes delictivas y grupos yihadistas, agravando la inseguridad y la crisis de conservación. A estas amenazas se suman las de carácter sanitario. Enfermedades virales como el ébola y el impacto de la COVID-19 han tenido efectos devastadores en África, donde la desnutrición y la falta de recursos agravan la mortalidad. El ébola, descubierto en 1976, provocó una grave epidemia entre 2014 y 2016 en África Occidental, cobrando más de 11.000 vidas. En 2020, la República Democrática del Congo enfrentó su undécima epidemia de ébola, sumándose a otras crisis sanitarias en regiones ya afectadas por la pobreza y el conflicto.

Un ejemplo significativo de respuesta a estos desafíos es la Comisión del Lago Chad, fundada en 1973 por Camerún, Chad, Níger y Nigeria, a la que se unió la República Centroafricana en 1994. Asimismo, la Unión del Río Mano, que agrupa a Liberia y Sierra Leona, y la Organización para el Aprovechamiento del Río Senegal (OMVS), de la que forman parte Mali, Mauritania y Senegal, son muestras de cooperación regional en torno a recursos hídricos. Por otro lado, la Autoridad de la Cuenca del Níger, integrada por Benín, Burkina Faso, Camerún, Chad, Costa de Marfil, Guinea-Conakry, Mali, Níger y Nigeria, y la Iniciativa de los Estados del Nilo, que incluye a Egipto, Sudán y Etiopía, destacan por su relevancia. Esta última organización ha sido un marco de negociación en torno a las tensiones entre Egipto y Etiopía por la construcción de la Gran Presa del Renacimiento, un proyecto etíope que preocupa a Egipto por su posible impacto en el flujo del Nilo. En el este de África, surgió en 1986 la Autoridad Intergubernamental contra la Sequía y para el Desarrollo del Este de África (IGAAD), formada por Eritrea, Etiopía, Kenia, Somalia, Sudán, Uganda y Yibuti. En 1996, se transformó en la IGAD (Autoridad Intergubernamental para el Desarrollo del Este de África). Aunque no ha logrado evitar conflictos entre sus estados miembros ni ha conseguido frenar graves crisis internas, ha sido útil en la creación de herramientas regionales como el Sistema de Alerta Temprana en cooperación con el Fondo de las Naciones Unidas para la Agricultura y la Alimentación (FAO) en 1989. Además, ha mantenido su relevancia como un mecanismo de contacto en la región.

LAS SOMBRAS Y LAS LUCES DEL PANAFRICANISMO

En relación con la OUA, es importante recordar que tanto esta como su sucesora, la UA, han tenido una trayectoria marcada por luces y sombras en su labor multilateral. Entre los logros más notables se encuentra la creación y el mantenimiento de una misión tan crucial como la Misión de la Unión Africana en Somalia (AMISOM), que ha enfrentado a los terroristas de Al Shabab. Otro hito relevante fue la rápida apertura a la firma y entrada en vigor de la Zona de Libre Comercio Continental Africana (AfCFTA) entre 2018 y 2019, que constituye la mayor área sin aranceles del mundo. Sin embargo, estas luces contrastan con episodios oscuros, como la participación del presidente sudanés Omar Hassan Ahmed al-Bashir, el único jefe de Estado en funciones buscado por la Corte Penal Internacional (CPI), en la cumbre de la UA celebrada en Johannesburgo en junio de 2015. A pesar de que al-Bashir debió abandonar el país apresuradamente después de que un tribunal sudafricano exigiera su arresto, la situación dejó a Sudáfrica y a la propia UA en una posición comprometida. Sudáfrica, uno de los miembros fundadores de la CPI, priorizó un malentendido sentido de nacionalismo africano sobre su obligación de detener al mandatario. Esto generó tensiones en un continente donde, en febrero de 2016, 30 de los 54 Estados africanos eran signatarios del Estatuto de Roma, y cuatro de ellos habían solicitado en alguna ocasión la intervención de la CPI en violaciones de derechos humanos dentro de sus propios países. Además, otro episodio que ensombrece la actuación de la UA es la creación de la Alianza de los Estados del Sahel, que ha generado divisiones dentro de la CEDEAO. Esta fractura se añade a los desafíos regionales, subrayando las tensiones entre los estados miembros y debilitando los esfuerzos de integración y cooperación en un área que ya de por sí enfrenta serios problemas de seguridad y estabilidad.

África, como se ha señalado a lo largo de esta obra, se distingue por su rápido crecimiento demográfico y su abundancia de recursos naturales. Sin embargo, estas características también generan fuertes contrastes que agravan los desafíos estructurales del continente. Analizar las tendencias demográficas es fundamental para comprender tanto las dificultades actuales como los retos futuros. En 1950, la población africana era de 319 millones; en 1985 ascendía a 550 millones, y para 2020 ya había superado los 1.200 millones. Se estima que en 2050, África albergará a más de 2.000 millones de personas.

A pesar de este crecimiento, en 2015, los jóvenes entre 15 y 24 años representaban el 37 % de la fuerza laboral africana, pero al mismo tiempo constituían el 60 % de los desempleados. Este desajuste es preocupante, ya que el crecimiento económico de África ha estado impulsado principalmente por factores externos, como la alta demanda de materias primas por parte de China. En los años noventa, China consumía solo el 5 % de los metales refinados del mundo, pero para 2010, esa cifra se había disparado al 45 %. En 2002, el comercio entre China y África era de 13.000 millones de dólares, y una década más tarde alcanzaba los 180.000 millones, triplicando el comercio entre Estados Unidos y África.

Aunque África logró destacarse como una de las regiones de mayor crecimiento económico en 2014, con un incremento del 5 % en 2012 y con seis de los diez países de más rápido crecimiento en la última década, ese auge no ha sido suficiente para resolver los problemas estructurales del continente. Occidente, por su parte, ha respondido con iniciativas como la Alianza para el Desarrollo, promovida por Alemania y Francia, que si bien continúan siendo relevantes, carecen de una visión estratégica a largo plazo para afrontar los complejos desafíos del continente. Así las cosas, la maldición de los recursos en África como suele aludirse para explicar los conflictos de ayer y de hoy[8] no se ha logrado ahuyentar[9].

LA MALDICIÓN DE LA ABUNDANCIA

Desde la independencia de estos países y en los que intervienen actores externos e internos atraídos en el pasado por los esclavos, el oro o la sal y en la actualidad los hidrocarburos y los minerales estratégicos. Hay países con muchos recursos y

8 Sólo en Nigeria, gran gigante de recursos desde el petróleo a la columbita, estaño o carbón, se produjeron en el año 2000 más de 2000 muertos en choques entre cristianos y musulmanes en la septentrional Kaduna y en 2002 surgía el grupo Boko Haram (Wilayat al Sudan al Gharbi) en la localidad de Maiduguri, capital del Estado federado de Borno, también en el norte de Nigeria. Boko Haram era el resultado de la suma de varios grupos realizada por el predicador Mohamed Yusuf, entre ellos los Talibán Nigerianos que en 2005 y 2006 ya asesinaba policías y soldados, o el movimiento Izala, que entrenaba en campamentos próximos a la frontera con Camerún a hombres armados procedentes de Mali, Níger o el propio Camerún.

9 El actual presidente, Teodoro Obiang Nguema Mbasogo, ha estado en el poder desde que derrocó a su tío en 1979, convirtiéndose en el líder con más años en el poder en África. Al régimen se le conoce por su brutalidad, corrupción, represión y una fuerte economía en petróleo que no ha beneficiado a la mayoría de la población. Una vez más, la riqueza está concentrada en la élite gobernante y de ella se beneficia especialmente China.

otros con pocos, la gestión de los mismos es mala y desigual. También hay que destacar que África tiene una característica de crucial importancia desde una aproximación geopolítica: de los 30 millones de kilómetros cuadrados de extensión de África, 10 millones —es decir, el 34 % de su territorio— está fuera del control de los Estados, afianzando aún la idea de que sigue siendo África tierra de oportunidades. En cuanto a lo comprobado e inventariado, el continente tiene el 30 % de las reservas minerales mundiales, incluyendo el 97 % de las de cromo, el 80 % del coltán, el 50 % del cobalto, el 57,5 % del oro, el 20 % del hierro y del cobre, el 23 % del uranio y de los fosfatos, el 32,2 % del manganeso, el 41 % del vanadio, el 49 % del platino, el 66 % de los diamantes, el 17,5 % de la bauxita y del zinc y el 14 % del petróleo.

En el contexto de una creciente competencia geopolítica en África, la República Popular China ha intensificado su presencia en Guinea Ecuatorial a través de un notable incremento en el volumen de comercio bilateral. Desde finales de la década de los 90 y principios del año 2000, Guinea Ecuatorial ha experimentado un flujo masivo de inversión china, recibiendo miles de millones de dólares a cambio del acceso a sus valiosos recursos petrolíferos. Este interés estratégico responde al objetivo chino de asegurar el abastecimiento energético necesario para sostener su expansión económica y satisfacer las demandas crecientes de su población. Con la firma del acuerdo de cooperación económica y comercial en 2005, China consolidó su rol como principal importador del crudo guineano y como exportador clave para diversificar los productos disponibles en el mercado local. Este giro ha tenido implicaciones significativas para el desarrollo socioeconómico de Guinea Ecuatorial. A lo largo de estos años, las empresas chinas han realizado inversiones sustanciales en infraestructura y otros sectores clave.

Sin embargo, esta influencia china no pasa desapercibida por otras potencias globales como Estados Unidos, que también buscan fortalecer sus propias posiciones estratégicas en la región. La rivalidad entre estas grandes potencias se manifiesta no solo en inversiones directas, sino también a través del establecimiento de alianzas políticas y acuerdos bilaterales con los países africanos. Un juego complejo queda reflejado en una dinámica donde cada actor internacional busca maximizar su influencia política y económica ante los ricos recursos naturales que ofrece África. Y dado que los recursos se distribuyen de manera desigual —con abundancia en algunas regiones y escasez en otras— y debido a la orientación predominante hacia los mercados de exportación, se ha limitado el desarrollo del mercado interno y las inversiones en los países africanos. Para ilustrar esta idea, podemos considerar ejemplos específicos. La Comunidad Económica de Estados de África Occidental (CEDEAO), establecida en 1975, ha logrado avances limitados en la integración económica regional. Actualmente, solo el 12 % de sus exportaciones se realizan entre sus quince Estados miembros, mientras que la mayoría de sus exportaciones, como el petróleo y otros recursos estratégicos de Nigeria, se dirigen fuera de la región y del continente.

De manera similar, la Comunidad de Estados de África Oriental, fundada en el año 2000, muestra que sus seis miembros solo realizan el 20 % de su comercio exterior total entre ellos. Otro problema añadido a la CEDEAO recientemente ha sido el inicio de su desvertebración con la retirada de esta organización de tres países clave del Sahel y la constitución de una nueva organización rival de la CEDEAO, la alianza del Sahel (AES). Los países centrales del Sahel venían siendo cuarteles generales del antiguo colono y este contaba con la anuencia de los poderes civiles, hasta que empezaron a caer uno tras otro en forma de dominó. Los fracasos securitarios fragilizaron tanto los gobiernos que era de esperar un asalto militar bajo el pretexto de poner orden en el país. Así cayó Roch Marc Christian Kaboré tras ser reelegido en las elecciones presidenciales, en noviembre de 2020, en manos del teniente coronel Paul-Henri Sandaogo Damiba. A él también le llegó su día final en septiembre de 2022 con el golpe de Ibrahim Traoré. Tres golpes de Estado en menos de dos años, seguidamente del golpe de Mali que colocó en la silla presidencial a Assimi Goïta y, por último, en julio de 2023 será el general Abdourahmane Tiani quien provocó un cambio de timón para el país destituyendo por la fuerza a Mohamed Bazoum. Todos los golpes de Estado sin apenas tregua a la paz civil de los ciudadanos, que han ido avalando cada cambio sin apenas tomar consciencia de lo que iba suponiendo. Es esencial reconocer que Mali, Níger y Burkina Faso comparten similitudes en sus desafíos y enfrentan problemas comunes. Esta situación condujo a la creación de la Alianza de Estados del Sahel en septiembre de 2023, un hito que ha generado expectativas tanto dentro como fuera de la región. Esta alianza surge como respuesta a la necesidad de abordar problemas comunes que afectan a estos países, como la inestabilidad política, el terrorismo, la pobreza y la falta de desarrollo económico.

La implicación de esta alianza es multifacética y tiene el potencial de impactar profundamente en la región y más allá. En primer lugar, al unir fuerzas, estos países pueden fortalecer su capacidad colectiva para hacer frente a amenazas como el terrorismo y el extremismo violento, que han sido persistentes en la región del Sahel. La cooperación en materia de seguridad y defensa puede mejorar la capacidad de respuesta ante ataques terroristas y contribuir a la estabilización de la región. La nueva alianza del Sahel despierta numerosas dudas sobre su creación, teniendo en cuenta que la agenda rusa orbita en torno a esta alianza, creando una fractura interna en la región en donde las fuerzas geopolíticas se definen a partir de las nuevas relaciones con los países del Sahel. De momento, hay tres países alineados con una claridad a los intereses de Rusia y otros países de la vecindad, así como Chad o Costa de Marfil, que mantienen posiciones de alineamiento a los intereses de Francia y, por tanto, de Occidente.

A pesar de la ausencia de un respaldo explícito por parte de Rusia a la mencionada alianza, es relevante señalar los encuentros diplomáticos previos. Días antes de la formación de la alianza, los ministros de Defensa de Mali y Níger se reunieron con Yunus-bek Yevkurov, viceministro de Defensa ruso, en Bamako. Además, este funcionario visitó Burkina Faso un mes antes. Estos encuentros subrayan un interés por parte de Rusia en la región y podrían tener implicaciones significativas en el futuro de las relaciones políticas y económicas. La cooperación entre los tres países ha experimentado un crecimiento notable, especialmente en los ámbitos político y económico. Sin embargo, se ha enfrentado a presiones externas, como las provenientes de la Comunidad Económica de Estados de África Occidental (CEDEAO), que han abogado por la restauración de la democracia y la estabilidad institucional. La falta de avances en las negociaciones llevó a la suspensión de Mali, Níger y Burkina Faso de la CEDEAO y, posteriormente, a su retiro formal en enero de 2024. Es fundamental destacar que esta decisión también incluyó la retirada de estos países de la alianza militar G5 Sahel, dejando solo a Chad y Mauritania como miembros activos. Este cambio en las alianzas regionales refleja un escenario en evolución, donde nuevas organizaciones emergen mientras otras experimentan un declive. El impacto de estas decisiones no puede subestimarse, especialmente considerando la fragilidad económica de Mali, Níger y Burkina Faso y su dependencia de los mercados globales y regionales. La desconexión de la CEDEAO podría tener consecuencias devastadoras, exacerbando el malestar.

TRANSFORMACIONES POLÍTICAS

Y de la población y la economía se debe concluir con los aspectos puramente políticos de un continente que, aunque sigue sufriendo golpes de Estado, ya no son tan frecuentes como los de antes, entre otras razones porque resta credibilidad a la Unión Africana, que se sitúa ante la tesitura de poder reconocer gobiernos surgidos por esta vía. Así es, tal tendencia ha llevado a algunos dirigentes a perpetuarse en el poder modificando las constituciones, entre otras maniobras legales. En Nigeria, el presidente Olusegun Obasanjo ganó las elecciones presidenciales tanto en 1999 como en 2003, y en 2006 maniobraba para obtener un tercer mandato, pero el Senado rechazó en mayo de ese año la reforma legal que pretendía. Nigeria está minada en sus regiones de mayoría musulmana por la violencia terrorista de Boko Haram y sus escisiones, y en general en todo el país por las desigualdades: más del 60 % de la población vive en la pobreza y la arraigada corrupción del Estado le situaba en el puesto 144 del *ranking* de Transparencia Internacional en 2014. La primera vez que se produjo una sucesión en la presidencia de la República de forma plenamente democrática fue en 2015.

En 2015, el presidente de Burundi, Pierre Nkurunziza, ganaba unos comicios para un tercer mandato, violando con ello los acuerdos de paz que pusieron fin a la guerra civil; en octubre del mismo año, en la República Popular del Congo, Denis Sassou Nguesso, que llevaba más de treinta años en el poder, convocó un referéndum que ganó con el 92 % de los votos y que le permitió eliminar cualquier límite de edad para poder seguir presentándose a las presidenciales; en Uganda, en 2016, Yoweri Museveni, que gobierna desde 1986, volvió a ser candidato; Joseph Kabila lo intentó de nuevo en la República Democrática del Congo y Paul Kagame en Ruanda, en 2017; y en 2019, el presidente Abdelaziz Buteflika, afectado desde 2013 por las secuelas de un infarto cerebral, trató de optar a un quinto mandato, pero una potente reacción popular se lo impidió. Otros mandatarios africanos intentaron también perdurar en el poder, antes y después de los citados, destacando casos como el de Robert Mugabe en Zimbabue, Laurent Gbagbo en Costa de Marfil o Yahya Jammeh en Gambia. Evocar a alguno de los mandatarios citados permite también evocar situaciones complejas afectadas por factores varios.

Cuando en 2010 el presidente marfileño Laurent Gbagbo perdió las elecciones a manos de Alassane Ouattara, Francia y varios de sus aliados africanos intervinieron militarmente en el país para asegurar que se cumpliera el mandato de las urnas. Pero en dicha ocasión ninguna potencia africana ni la propia CEDEAO intervino en este esfuerzo. La Ruanda de Paul Kagame creció a una media anual del 8 % entre 2010 y 2015, pero ha arrastrado en ese tiempo las sombras del genocidio de 1994, deteriorando por ejemplo sus relaciones con Francia (se rompieron las relaciones diplomáticas entre 2006 y 2009). Aunque Ruanda ha dado pasos importantes en cuanto a reformas internas, ha gestionado bien las ayudas internacionales convirtiéndose en cierta manera en una isla de estabilidad en la región de los Grandes Lagos y ha alcanzado altos niveles de crecimiento y de implantación de las tecnologías en el país, en 2014 aún tenía al 45 % de su población viviendo en la extrema pobreza. En ese año, el presidente Kagame trataba de modificar la Constitución para optar a un tercer mandato en 2017, algo que conseguiría, y ello en el marco de una intensa campaña por su parte en la que acusaba a Francia y a la Iglesia Católica de ayudar a las matanzas de «la noche de los machetes» por sus cercanas relaciones con el Gobierno dominado por los hutus que incitó al genocidio.

LAS DINÁMICAS MIGRATORIAS

Directamente relacionado con los susodichos factores expuestos —crecimiento demográfico, obstáculos políticos y económicos, amenazas medioambientales y sanitarias—, emerge en África la cuestión migratoria con impacto tanto en el continente como fuera de él, y aquí esto último tiene en clave geopolítica un impacto directo en los vecindarios inmediatos y en particular en el europeo. Así se percibió cuando cayucos mauritanos, senegaleses y gambianos empezaron por ese orden a dirigirse a Canarias desde 2005 transportando a miles de inmigrantes irregulares. Ya desde principios de aquella década el flujo de irregulares que llegaban a las costas españolas desde suelo marroquí no hacía sino incrementarse, obligando a poner en marcha numerosos mecanismos de control fronterizo de migrantes entre España y Marruecos.

Las migraciones han buscado salidas por el Mediterráneo, pero también por el Atlántico[10]. Llegaban desde las costas africanas a las Islas Canarias, lo que ha redimensionado la cuestión de la migración irregular hacia Europa. Este fenómeno pasó de ser un problema subregional, centrado en el Magreb y especialmente en Marruecos, a convertirse en un desafío de alcance continental africano. Hoy la situación sigue evolucionando, con nuevas rutas y dinámicas migratorias que reflejan la complejidad de un asunto que es ante todo humano y humanitario.

La gente se mueve porque necesita moverse para mejorar su condición de vida, aunque suene paradójico cuando se concluye de África el papel crucial que juega en el suministro mundial de recursos básicos debido a su abundancia en minerales, energía y tierras cultivables. El continente alberga una gran cantidad de minerales esenciales para la tecnología moderna y la industria, como el cobalto, el manganeso y el grafito natural. Aunque África posee el 24 % de las tierras cultivables del mundo, solo produce el 9 % de la producción agrícola global, lo que indica un gran potencial para aumentar su contribución al suministro mundial de alimentos. A pesar de estos recursos, África enfrenta desafíos como la falta de infraestructura y la necesidad de mejorar la integración económica regional. Iniciativas como la Zona de Libre Comercio Continental Africana ofrecen oportunidades para mejorar la participación del continente en las cadenas de suministro globales. La verdadera soberanía se alcanzará cuando los Estados africanos decidan romper definitivamente con modelos en los que unos sobreviven y otros se enriquecen, y cuando se deje de fabricar armas para los países teóricamente pobres, donde las insurgencias crecen gracias a la circulación de armamento.

---

10 Leer: https://fundacionalternativas.org/actividades/presentacion-informe-africa-2024-el-pacto-migratorio-y-de-asilo-europeo/.

Bibliografía

Aime, M., & Andrea, D. G. (2021). *Il grande gioco del Sahel: dalle carovane di sale ai boeing di cocaina.* Torino, Italia: Bollati Boringhieri.

Aldekoa, X. (2021). *Océano África.* Península.

Aldekoa, X. (2023). *Quijote en el Congo.* Península.

Amselle, J. L. (2022). *L'invention du Sahel.* Éditions du croquant.

Antil, A. (2014). *Le boom minier au Sahel Un développement durable.* Bruxelles. https://www.ifri.org/sites/default/files/atoms/files/02 2014antilboomminiersahel.pdf consulté en avril 2019.

Armada, A. (2001). *África: el silencio de Occidente.* Editorial Península.

Aybar, S. (2024). *Rusia y China en el Sahel.* https://www.youtube.com/watch?v=yPsbWmHSkb8

Autesserre, S. (2014). *Peaceland: conflict resolution and the everyday politics of international intervention.* New York: Cambridge University Press.

Bigo, D. (2001). *Migration and Security.* London: Routledge.

Boilley, P. (1999). *Les Kel Adagh: Un siècle de dépendances, de la prise de Tombouctou (1893) au Pacte national (1992): Étude des évolutions politiques, sociales et économiques d'une population touarègue (Soudan français, République du Mali).* Thèse de doctorat, Université Paris 7.

Booth, K. (2005). *Critical security studies and world politics.* In K. Booth (Ed.), *Critical security studies and world politics* (pp. 181-214). London: Lynne Rienner Publishers.

Booth, K. (2007). *Theory of world security.* Cambridge: Cambridge University Press.

Carayol, R. (2022). *Le mirage sahélien. La France en guerre en Afrique. Serval, Barkhane et après?* La Découverte.

Chamorro, A. (2024). *Nace la Confederación de la Alianza de Estados del Sahel.* https://www.descifrandolaguerra.es/nace-la-confederacion-de-la -alianza-de-estados-del-sahel/

Charbonneau, B. (2016). *France and the new imperialism: security policy in Sub-Saharan Africa.* London: Routledge.

Charbonneau, B. (2019). *Le Mali, épicentre de l'instabilité du Sahel.* Les Grands Dossiers de Diplomatie.

Charbonneau, B. (2019). *Faire la paix au Mali: les limites de l'acharnement contre terroriste.* https://www.lemonde.fr/afrique/article/2019/03/27/faire-la-paix-au-mali-les-limites-de-l-acharnement-contreterroriste_5442076_3212.html consulté en août 2019.

David, C. (2013). *La guerre et la paix: Approches et enjeux de la sécurité et de la stratégie.* Paris: Presses de Sciences Po.

Debos, M. (2016). *Living by the gun in Chad: Combatants, impunity and state formation.* London: Zed Books.

Desrues, T., Azaola, B., Hernando de Larramendi, M., Planet, A. I., & Ramírez, A. (2023). *Cambio, crisis y movilizaciones en el Mediterráneo occidental.* Comares.

Dodds, K. (2007). *Geopolitics: a very short introduction.* OUP Oxford.

Echeverría, J. C. (Coord.). (2019). *La estabilidad en el Sahel. Un análisis prospectivo.* Madrid: Instituto Español de Estudios Estratégicos (IEEE). Centro Superior de Estudios de la Defensa Nacional (CESEDEN), Documentos de Seguridad y Defensa, nº 80.

Ellis, S. (2003). Briefing: West Africa and its oil. *African Affairs,* 102(406), 135-138.

Ellis, S. (2004). Briefing: The Pan Sahel Initiative. *African Affairs,* 103(412), 459-464.

Fierke, K. M. (2007). *Human insecurity, Critical approaches to international security.* Cambridge: Polity Press.

Filiu, J. P. (2011). *La révolution arabe: dix leçons sur le soulèvement démocratique.* Paris: Fayard.

Flint, C. (2006). *Introduction to Geopolitics.* London: Routledge.

García-Luengos, J. (2019). *Geopolítica de los recursos naturales en el África Subsahariana. Papeles de relaciones ecosociales y cambio global.*

Guichaoua, Y. (2017). *L'horizon compromis de la force Barkhane au Mali.* Monde Afrique.

Guichaoua, Y., & Pellerin, M. (2017). *Faire la paix et construire l'État : Les relations entre pouvoir central et périphéries sahéliennes au Niger et au Mali.* Étude de l'IRSEM, 51, 90-31.

Hamdaoui, Y. (2020). *La sécurisation de la guerre contre le terrorisme au Sahel.* Thèse de doctorat.

Hansen, L. (2011). *The politics of securitization and the Muhammad cartoon crisis: A poststructuralist perspective.* Security Dialogue, 42(4-5), 357-369.

Harmon, S. (2010). *From GSPC to AQIM: The evolution of an Algerian islamist terrorist group into an Al-Qa'ida Affiliate and its implications for the Sahara-Sahel region.* Concerned Africa Scholars, 85, 12-29.

Hersh, S. M. (2004). *Chain of Command: The Road from 9/11 to Abu Ghraib.* New York Times Book Review, 13-17.

Holder, G. (2012). *Chérif Ousmane Madani Haïdara et l'association islamique Ançar Dine, un réformisme malien populaire en quête d'autonomie.* Cahiers d'études africaines, 52(206-207), 389-425.

Kabunda Badi, M. (2006). *África en la era de la globalización: balanzas y desafíos.* Los Libros de la Catarata.

Klare, M., & Volman, D. (2006). *America, China & the scramble for Africa's Oil.* Review of African Political Ecobomy, No. 108: 297-309.

Komenan, D. (2021). *El Sahel Occidental frente a los objetivos del desarrollo sostenible: Logros y desafíos de una región en efervescencia.* Icaria.

Le nouvel Economiste. (2018). *Les mines, médaille d'or de l'économie du Mali.* Le nouvel Economiste. (En ligne). https://www.lenouveleconomiste.fr/mines-medaille-dor-de-leconomie-mali-60268.

Llorente, F. (2018). *África: vientos de cambio.* Editorial UOC.

Mann, G. (2014). *From Empires to NGOs in the West African Sahel: The Road to Non-Governmentality.* Cambridge: Cambridge University Press.

Mbuyi K. (2004). *Africa subsahariana ante el nuevo milenio.* Pirámide.

Mesa, B. (2022). *Los grupos armados del Sahel: Conflicto y economía criminal en el norte de Mali.* Madrid, España: Los Libros de la Catarata.

Naranjo, J. (2019). *Los invisibles de Kolda: Historias de la inmigración africana.* Editorial Libros.com.

Pascallon, P. (2004). *La politique de sécurité de la France en Afrique.* Éditions L'Harmattan.

Ploch, L. (2010). *Africa Command: U. S. strategic interests and the role of the U. S. military in Africa.* DIANE Publishing.

Retaillé, D., & Walther, O. (2011). *Guerre au Sahara-Sahel: la reconversion des savoirs nomades.* L'Information géographique, 75(3), 51-68. https://doi.org/10.3917/lig.753.0051.

Retaillé, D., & Walther, O. (2011). *Guerre au Sahara-Sahel: la reconversion des savoirs nomades.* L'Information géographique, 75(3), 51-68.

Rietjens, S., & de Waard, E. (2017). *UN peacekeeping intelligence: The ASIFU experiment. International Journal of Intelligence and Counterintelligence,* 30(3), 532-556.

Rigouste, M. (2017). *Que fait l'armée française au Sahel* ? https://orientxxi.info/magazine/que-fait-l-armee-francaise-au-sahel,2041 consulté en juillet 2019.

Rimbach, M. (2017). *La Force Africaine en Attente: une solution africaine aux conflits africains?* http://www.isd.sorbonneonu.fr/blog/la-forceafricaine-en-attente-une-solution-africaine-aux-conflits-africains-2/

Roche, C. (2018). *Histoire des relations des pays du Sahel avec la France.* Paris: l'Harmattan.

Salter, M. B. (2008). *Securitization and desecuritization: A dramaturgical analysis of the Canadian Air Transport Security Authority.* Journal of International Relations and Development, 11(4), 321-349.

Sarr, F. (2016). *Afrotopía.* Ediciones Delicatessen.

Thiam, A. (2017). *Centre du Mali: enjeux et dangers d'une crise négligée.* Geneva: Centre for Humanitarian Dialogue.

Thieux, L., & de Larramendi, M. (2020). *Le discours de la non-ingérence à l'épreuve des transformations politiques en Algérie.* Confluences Méditerranée, 115(4). file:///Users/beatrizmesagarcia/Downloads/le-discours-de-la-non-ingerence-a-lepreuve-des-transformations-politiques-en-algerie.pdf.

Thieux, L., & de Larramendi, M. (2020). *Las relaciones Magreb-África: nuevos desafíos e independencias.* https://fundacionalternativas.org/publicaciones/informe-africa-2020-transformaciones-moviliza-cion-y -continuidad/.

Villalón, L. (2022). *The Oxford Handbook of the African Sahel.* Oxford University Press.

Artículos electrónicos

Le nouvel Economiste (2018). Les mines, médaille d'or de l'économie du Mali. Le nouvel Economiste. (En ligne) https://www.lenouveleconomiste.fr/mines-medaille-dor-de-leconomie-mali-60268.

Antil, A. (2014). Le boom minier au Sahel Un développement durable. Bruxelles. https://www.ifri.org/sites/default/files/atoms/files/02 2014antilboomminiersahel.pdf consulté en Avril 2019.

Charbonneau. B. (2019). Faire la paix au Mali: les limites de l'acharnement contre terroriste https://www.lemonde.fr/afrique/article/2019/03/27/faire-la-paix-au-mali-les-limites-de-l-acharnement-contre-terroriste_5442076_3212.html consulté en Août 2019.

Rigouste, M. (2017). Que fait l'armée française au Sahel ? (En ligne), https://orientxxi.info/magazine/que-fait-l-armee-francaise-au-sahel,2041 consulté en juillet 2019.

Rimbach, M. (2017). La Force Africaine en Attente : une solution africaine aux conflits africains? http://www.isd.sorbonneonu.fr/blog/la-force-africaine-en-attente-une-solution-africaine-aux-conflits-africains-2/

Thieux, L, De Larramendi. (2020): Le discours de la non-ingérence à l'épreuve des transformations politiques en Algérie. Confluences méditerranée, 4, nº 115. file:///Users/beatrizmesagarcia/Downloads/le-discours-de-la-non-ingerence-a-lepreuve-des-transformations-politiques-en-algerie.pdf.

Thieux, L, De Larramendi. (2020): Las relaciones Magreb-África: nuevos desafíos e independencias: https://fundacionalternativas.org/publicaciones/informe-africa-2020-transformaciones-movilizacion-y-continuidad/.

Villalón, L. (2022). "The political roots of fragility in the G5 Sahel countries: State institutions and the politics of democracy and security." *In 10 years of instability in the Sahel. Regional dynamics and external interventions.* eds. Giovanni Carbone and Camillo Casola. ISPI | Istituto per gli Studi di Politica Internazionale: Milan, Italy. https://www.ispionline.it/en/publication/sahel-10-years-instability-local-regional-and-international-dynamics-36174